Original italienische

Gourmet PANINI

DANIELE REPONI

Original italienische

Gourmet PANINI

DANIELE REPONI

südwest

INHALT

Als Koch kann man Daniele Reponi eigentlich nicht bezeichnen – er selbst nennt sich am liebsten »non-Chef«, denn sein kulinarisches Highlight sind die Panini. Er ist sympathisch, geistreich und selbstironisch. Also ein waschechter Modenese! Daniele Reponi ist einer der beliebtesten Protagonisten von „Prova del cuoco“, der italienischen Version von „Kochduell“. Das Geheimnis eines guten Panino sind die Zutaten. Mit Hingabe wählt Reponi hochwertige Produkte aus, vor allem bei Käse, Fleisch und Fisch ist er äußerst anspruchsvoll, aber auch Eingelegtes oder frisches Obst und Gemüse müssen hervorragend sein. So können sie ohne aufwendige Zubereitung zu köstlichen Gourmet-Panini kombiniert werden. Die drei Komponenten Eigengeschmack, Konsistenz und Textur fügen sich zu einem perfekten Ganzen zusammen, das weit mehr ist, als die Summe der Zutaten.

Daniele Reponi

DAS PERFEKTE PANINO

In Sachen Panini ist Daniele Reponi **ein echter Zauberer**. Ein gutes Panino steht und fällt mit der Kombination der Zutaten. »Es empfiehlt sich immer, eine Hauptzutat auszuwählen und ihre Aromen durch sorgfältig abgestimmte Zutaten zu betonen, damit ein harmonischer Gesamtgeschmack entsteht. Beim Belag sollte man auf Ausgewogenheit achten, also Würziges mit Mildem und Delikates mit Herbem zu ergänzen.« So zumindest beschreibt es Daniele selbst.

Die **70 Rezepte** in diesem Buch folgen ausnahmslos diesem Motto. In die **sechs Kategorien Fleisch, Fisch, Gemüse, Aufschnitt, Käse, Obst** unterteilt, sind alle Panini zugleich einfach, kreativ und raffiniert. Das Geheimnis liegt in der Auswahl erstklassiger Ausgangsprodukte und der geschickten Kombination deren Aromen und Texturen. Nur so entstehen **originelle Rezepte,** die man immer wieder gern zubereitet. Nebenbei gibt der »Meister der Panini« praktische Tipps und erläutert spezielle Produkteigenschaften.

MEIN GEHEIMNIS? DIE ZUTATEN NICHT WEITERVERARBEITEN UND GESCMACKLICH AUSGEWOGEN KOMBINIEREN!

VERWENDUNG DER TABELLEN

Kann man tatsächlich allgemeine Leitlinien für die Herstellung eines Panini festlegen, also eine Art **Regelwerk** zur korrekten Kombination von Basiszutaten? Daniele meint ja! Daher beginnt jedes Kapitel mit einer Tabelle, die zeigt, wie man die Zutaten zu immer wieder neuen, leckeren Panini zusammenstellt. Natürlich können diese Tabellen nicht vollständig sein, das liegt in der Natur der Sache, denn schließlich gibt es noch unzählige Aufschnitt-, Käse- und Gemüsesorten. Aber es gibt allgemeine Regeln, die für die Zusammenstellung interessanter Beläge hilfreich sein können. Und, um es noch einmal klar herauszustellen: **Der wichtigste Grundsatz** ist die geschmackliche Ausgewogenheit. Jeder Bestandteil muss gut gewichtet werden, und zwar so, wie wir uns das Panini geschmacklich vorstellen. Um eine Balance zwischen würzig und delikat oder cremig, zwischen aromatisch und sauer, frisch oder knackig herzustellen, braucht man als Grundvoraussetzung gute Kenntnisse der Produkte. Dazu gehören auch unser Fingerspitzengefühl und gesunder Menschenverstand, und beides ist, neben der geschmacklichen Ausgewogenheit, für einen Belag unerlässlich.

Die Tabellen sind **als Anregung gedacht**, sollen aber vor allem Spaß machen. Denn wer nicht experimentiert, lernt auch nichts dazu. Ebenso wie beim Kochen am Herd braucht man auch hier Leidenschaft, Know-how und Freude an der Sache.
Das sind die **Spielregeln**:
1. Wählen Sie eine Hauptzutat oder eine Zutatenkategorie aus – Sie finden sie im Tabellenkopf und erkennen sie an den Symbolen.
2. Entdecken Sie mithilfe der grundlegenden Eigenschaften (herzhaft, mild/delikat, cremig, frisch, knackig, scharf, säuerlich und herb), welche Lebensmittel am besten zu der vorab ausgewählten Hauptzutat passen.
3. Stellen Sie anhand der Tabelle, die Daniele Reponis Kombinationsvorschläge enthält, den Belag für Ihr Panini zusammen. Denken Sie daran, dass der ideale Belag aus mindestens zwei, maximal vier Zutaten besteht.
Und das **Brot**? Die in den Rezepten angegebene Sorte ist natürlich nur ein Vorschlag. Sie können nach Belieben andere Sorten verwenden. Und noch ein Tipp: Toasten oder erwärmen Sie das Brot immer ein wenig, sodass es außen kross und innen weich ist.
So, nun kennen Sie die Regeln und können Ihrer Fantasie mit neuen, außergewöhnlichen Panini-Kreationen freien Lauf lassen.

FLEISCH

PANINI MIT FLEISCH

FLEISCH	**SCHWEINEFLEISCH** (würzige u. delikate Aromen) Salsiccia (roh o. gegart), Lende, Coppa, gegarte Schweinshaxe, Würstchen, gekochte entbeinte Rippchen	**RINDFLEISCH** (herzhafte und würzige Aromen) Hamburger, Carpaccio, Carne salada (gepökeltes Rindfleisch), Roastbeef, Tatar	**HELLES FLEISCH** (würzige und delikate Aromen) Huhn, Pute, Kaninchen, Geflügelbraten, Geflügelwürstchen und -schnitzel
WÜRZIG	getrocknete Tomaten	Blauschimmelkäse, reifer Käse, Kapern, Sardellenfilets	knuspriger Bacon, geröstete und gesalzene Mandeln
MILD/DELIKAT	Ananas, gedünsteter Apfel, Erbsen, Kartoffeln, gegarte Zwiebeln, Birne, gegarte Schalotten, Zwiebelchutney, Trüffelcreme, Maronen, gegarter Kürbis, Weintrauben	gebackene Tomaten, Ketchup, gegarte rote Paprikaschote, gegarte Karotten, weiße Trüffel, Trüffelcreme	schwarze Oliven, Aceto balsamico, Avocado, Paste aus gegartem Knoblauch, gegarte Karotten, Safran
CREMIG	gedünsteter Apfel, Kartoffeln, Sahnemeerrettich, Mayonnaise, Senf, gegarter Wirsing, Rote-Bete-Püree, Maronenpüree, gegarter Kürbis, rote Paprikacreme	halbgetrocknete Tomaten, Pesto, Blauschimmelkäse, Ketchup, scharfer Senf, Mayonnaise	Avocadocreme, halbgetrocknete Tomaten, Senf, Mayonnaise, Artischockencreme, Spargelcreme, Pilzcreme, rote Paprikacreme
FRISCH	Ananas, Apfel, Birne, Salbei, Rosmarin, Salat, Kümmel, gemahlener Koriander, Weintrauben, Ingwer, rohe Paprikaschote	Basilikum, Petersilie, frischer Koriander	Salat, frisch gemahlener Pfeffer, frische Tomaten, Thymian, Majoran, Salbei, Rosmarin, Zitrusschale, rohe Paprikaschoten
KNACKIG	eingelegter Kohl/Kimchi, frittierte und rohe Zwiebelringe, Eisbergsalat, Rote Beten, Karottenstreifen, rohe Paprikaschoten	Oliven, roher Kohl, Walnusskerne, rohe Paprikaschote, Karottenstreifen, roher Stangensellerie	Eisbergsalat, geröstete Haselnusskerne, rohe Artischocken, Spargel, geröstete Mandeln, Walnusskerne, Karottenstreifen, rohe Paprikaschoten
SCHARF	Peperoncino, Currypulver, scharfer Meerrettich aus dem Glas, geriebener roher Meerrettich, Senf, Ingwer, frischer Knoblauch	Blauschimmelkäse, natives Olivenöl extra, reifer Käse, frischer Knoblauch	Senf, Knoblauch, Peperoncino
SÄUERLICH	Ananas, Apfel, Aceto balsamico, Apfelessig, andere feine Essigsorten, Weintrauben	frische Tomaten, Ketchup	Aceto balsamico, Weinessig, frische Tomaten
HERB	Artischocken, Radicchio, Rosmarin, Feldsalat, Spinat	grüne Oliven, natives Olivenöl extra, Feldsalat	grüne Oliven, natives Olivenöl extra, Rosmarin, Zitrusschale, Artischocken, Feldsalat, Spinat

	WILD	INNEREIEN
FLEISCH	**WILD** (delikate und würzige Aromen) Wildschwein, Hirsch, Reh, Ente	**INNEREIEN** (delikate Aromen) Leber, Herz, Zunge, Leberwurst/-pastete von Huhn, Schwein und Rind
WÜRZIG	geröstete und gesalzene Mandeln, Ziegenkäse	Sardellenfilets
MILD/DELIKAT	Honig, Himbeeren, Süßkirschen, gegarte Zwiebeln	Sauerrahm, gegarte Zwiebeln und Schalotten, Auberginencreme, frische Feigen, Aprikosen, Apfel, Trüffel
CREMIG	Ziegenkäse, Pilzcreme, frische Pilze, gegarte Auberginen	Sauerrahm, gegarte Zwiebeln, gegarte Champignons, Pilzcreme, Auberginencreme, Trüffelcreme
FRISCH	Salat, Heidelbeeren, frisch gemahlener Pfeffer, frische Minze, Muskatnuss, Rosmarin	Zitrusschale, Salat, Petersilie, Salbei
KNACKIG	geröstete Mandeln, Eisbergsalat, rohe Zwiebeln, Stangensellerie	Eisbergsalat, rohe Zwiebeln, Mangold, Apfel
SCHARF		Peperoncino
SÄUERLICH	Heidelbeeren, Himbeeressig, Himbeeren, Süßkirschen, Sauerkirschen	Sauerrahm, frische Feigen, Aprikosen, grüner Apfel
HERB	Radicchio, Rosmarin, Feldsalat, Spinat	dunkle Schokolade, Zitrusschale, Radicchio, Feldsalat, Spinat

Nr. 1

Der Hamburger – trotz allenthalben geäußerter Kritik beliebt wie eh und je: saftig, gehaltvoll und angenehm zart. Und genau diese Eigenschaften werden hier mit nordeuropäischer Note, italienischem Fingerspitzengefühl und außergewöhnlichen Zutaten bewahrt.

GOURMAND

Mit Hamburger-Patty vom Chianina-Rind, Kohl, grünem Apfel, Grana Padano und Meerrettichmayonnaise

x 1

BROT

Hamburgerbrötchen

BELAG

Hamburger-Patty vom
Chianina-Rind .... **120 g**
Weißkohl .... **15 g**
Rotkohl .... **15 g**
grüner Apfel **1**
Grana Padano .... **20 g**
Sahnemeerrettich,
natives Olivenöl extra,
Apfelessig,
Salz

1. Das Patty anbraten und so garen, dass er in der Mitte noch rosa ist. Die beiden Kohlsorten sehr fein hobeln und in einer kleinen Schüssel mit Öl, Apfelessig und Salz anmachen. Den grünen Apfel mit Schale in dünne Scheibchen (ca. 3 mm) hobeln.

2. Das Burgerbrötchen aufschneiden und leicht toasten. Die Apfelscheiben auf die untere Brötchenhälfte legen, darauf 1 Esslöffel Sahnemeerrettich verstreichen, ersatzweise mit etwas Wasabi verrührte klassische Mayonnaise verwenden.

3. Nun folgt der heiße Hamburger-Patty. Den vorab gehobelten Grana Padano und die marinierten, abgetropften Kohlstreifen darauf anrichten und die obere Brötchenhälfte auflegen.

SCHON GEWUSST?

Grana Padano ist ein Kuhmilchkäse, der in Norditalien hergestellt wird. Die großen Käselaibe können lange gelagert werden und unterliegen während der gesamten Produktionskette hohen Qualitätsstandards. Er ist der meistverzehrte italienische Käse weltweit.

KRÄFTIGER GESCHMACK

Nr. 2

Mit dem Salsiccia-Panini haben Sie leichtes Spiel: beliebt, überzeugend, unkompliziert. In dieser Variante sorgt die Artischocke für Eleganz, Rhabarber und Orange verleihen Frische. Eine sehr ungewöhnliche, aber himmlische Kombination!

PRACHTBURSCHE

Mit Salsiccia, Artischocken, Orangenschale und Rhabarber

x 1

BROT

Baguettebrötchen mit Sonnenblumenkernen

BELAG

Salsiccia/frische Schweinsbratwurst .... **100 g**
Artischocken **2**
Rhabarber .... **1/2 Stange**
Karotte **1/2**
Bio-Orange **1/2**
Zitronensaft,
natives Olivenöl extra,
Weißwein,
Salz

1. Die Salsicciahaut längs aufschneiden und die Haut mehrfach einstechen, dann in einer Antihaft-Pfanne so braten, dass sie innen rosa bleibt. Die Artischocken putzen, bis zum Herz von den Blättern befreien und vierteln. Sofort bis zur weiteren Verarbeitung in Zitronenwasser legen, damit sie nicht dunkel werden. Den zartesten Teil des Artischockenstiels nah am Blütenstand mit einem kleinen Messer oder Sparschäler putzen.

2. In einer beschichteten Pfanne etwas Öl erhitzen, die Artischockenstiele hinzufügen, ein wenig Weißwein zugießen und den Deckel auflegen. Wenn die Artischockenstiele fast gar sind, die Artischockenviertel zugeben und salzen. Sobald alles gar ist, einen Schuss kaltgepresstes Öl zugießen und alles mit aufgelegtem Deckel ruhen lassen. Die Artischockenstiele können nach Belieben püriert werden, in dem Fall müssen Sie etwas Wasser zugeben. Den Rhabarber und die Karotte putzen und in kleine Würfel schneiden. In einer kleinen Schüssel mit Salz und Öl anmachen.

3. Das Brötchen aufschneiden und leicht toasten. Die Rhabarber- und Karottenstücke auf der unteren Brötchenhälfte verteilen, dann die Salsiccia und die Artischocken darauflegen. Mit frisch abgeriebener Orangenschale bestreuen und die obere Brötchenhälfte auflegen.

Nr. 3

Dieses Rezept lebt vom Zusammenspiel der Röstnoten, die beim Garen des Rindfleischs und der roten Paprikaschote entstehen. Die übrigen Zutaten liefern Aroma und Cremigkeit. Tipp: Das Roastbeef dünn aufschneiden!

FIORENTINO

Mit Roastbeef, Paprikaschote, Kräutern und Mayonnaise

x 1

BROT

Hamburgerbrötchen mit Mohn

BELAG

Roastbeef .... **70 g**
rote Paprikaschote **1/2**
Karotte **1/2**
Zwiebel **1/2**
Mayonnaise .... **20 g**
Senfkörner .... **5 g**
natives Olivenöl extra,
Weißwein,
Blätter von Stangensellerie,
Petersilien- und Estragonblätter,
Salz und frisch gemahlener Pfeffer

1. Den Backofen auf 200 °C vorheizen. Die Paprikaschote in Alufolie einwickeln und im Ofen ca. 40 Minuten garen. Abkühlen lassen, die Folie öffnen und die Paprikaschote häuten. Das Fruchtfleisch in feine Streifen schneiden und mit Salz und Öl anmachen. Petersilie, Estragon und Sellerieblätter fein hacken.

2. Das Fleisch mit Öl einreiben. Eine Pfanne mit dickem Boden stark erhitzen, das Fleisch hineinlegen und von allen Seiten scharf anbraten. Die bereits gebräunten Fleischseiten salzen und pfeffern, dann etwas Weißwein angießen.

3. In eine Pfanne mit hohem Rand 2 cm hoch Öl füllen. Karotte und Zwiebel grob hacken und hineingeben. In der Pfanne bei schwacher Temperatur sanft erhitzen. Das zuvor angebratene Roastbeef auf das Gemüse legen und zu Ende garen – in der Mitte sollte das Fleisch noch rosa sein. Nach Belieben salzen. Das Fleisch abkühlen lassen und in dünne Scheiben schneiden. Tipp: Sie können auch fertiges, in Scheiben geschnittenes Roastbeef aus der Metzgerei verwenden.

4. Das Brötchen aufschneiden und leicht toasten. Die Senfkörner im Mörser fein zerstoßen und in die Mayonnaise rühren. Die untere Brötchenhälfte mit der Hälfte davon bestreichen. Mit Roastbeefscheiben und Paprikastreifen belegen, dann mit den gehackten Kräutern bestreuen. Die obere Brötchenhälfte ebenfalls mit Mayonnaise bestreichen und auflegen.

Nr. 4

WOLKENKRATZER

Mit Pastrami, Paprika und Mayonnaise

x 1

BROT

Kastenweißbrot

BELAG

Pastrami .... **70 g**
rote Paprikaschote **1/2**
gelbe Paprikaschote **1/2**
Mayonnaise, Kümmel, Knoblauch, schwarze Oliven ohne Stein, Rosinen, Petersilie, Oregano, natives Olivenöl extra, Salz

1. Den Backofen auf 200 °C vorheizen. Die Paprikaschoten in Aluminiumfolie wickeln und im Ofen ca. 40 Minuten backen. In der Folie abkühlen lassen, die Haut abziehen, das Fruchtfleisch in Streifen schneiden und mit Salz und Öl anmachen. Die Pastrami in 1–2 mm dünne Scheiben schneiden und mit Öl bestreichen.

2. Kreuzkümmelsamen, Knoblauch, Oliven, Rosinen Petersilie und Oregano zusammen hacken. Die Mischung zu den Paprikastreifen geben.

3. Das Brot in Scheiben schneiden und toasten. Die unterste Scheibe großzügig mit Mayonnaise bestreichen. Die Pastrami und die marinierten Paprikastreifen darauf verteilen und eine zweite Brotscheibe auflegen. Nach Belieben weitere identische »Etagen aufstocken«.

Nr. 5

TRÜFFELCHEN

Mit Huhn, Pancetta, Gemüse und Trüffelmayonnaise

x 1

BROT

Vollkornkastenbrot mit Saaten

BELAG

Hähnchenbrustfilet .... **70 g**
luftgetrockneter Pancetta .... **20 g**
Mayonnaise .... **20 g**
schwarze Trüffeln .... **5 g**
¼ Karotte, 1 Knoblauchzehe, 1 Blumenkohlröschen, Olivenöl, Butter, Salz und Pfeffer

1. Den Pancetta in dünne Scheiben schneiden und in einer heißen Antihaft-Pfanne kross anbraten. Aus der Pfanne nehmen. Das Filet leicht plattieren und beidseitig in der Pfanne anbraten. Den Herd ausschalten und das Fleisch mit etwas Öl beträufeln. Einige Minuten ruhen lassen. Karotte, Knoblauch und Blumenkohl sehr fein würfeln und in einer Antihaft-Pfanne in etwas Öl kurz braten, dann salzen und herausnehmen.

2. Etwas Öl und Butter in der Pfanne erhitzen, einige Trüffelscheiben hineinhobeln und bei geringer Hitze 1 Minute ziehen lassen. Abkühlen lassen und mit der Mayonnaise vermischen. Dann das Brot in Scheiben schneiden und toasten. Eine Brotscheibe mit der Trüffelmayonnaise bestreichen und mit Filet, Pancetta und Gemüse belegen. Die zweite Brotscheibe mit der Mayonnaise bestreichen und auflegen.

SEINE INDIVIDUELLE NOTE BEKOMMT EIN PANINO DURCH SAUCEN UND DIPS, EGAL OB KLASSISCH ODER EXTRAVAGANT

Nr. 6

Hier geht die deutsche Küche in Form von Schweinshaxe und Kohl eine Verbindung mit der italienischen ein: Ein Aceto balsamico di Modena DOP sorgt für die richtige Säure. Die Schalotte sollte sehr weich sein, dann ist die Verschmelzung perfekt!

BLAUMANN

Mit Schweinshaxe, Schalotte, Kohl und Aceto balsamico

x 1

BROT

Piadina oder Pitabrot

BELAG

Schweinshaxe **1/2**
Schalotte **1**
Rotkohl .... **60 g**
Mayonnaise .... **1 TL**
Aceto balsamico,
frische italienische Kräuter (Rosmarin, Thymian, Majoran, Salbei)
natives Olivenöl extra,
Weißwein,
Salz und frisch gemahlener Pfeffer

1. Den Backofen auf 200 °C vorheizen. Die Haxe mit etwas Öl bestreichen und mit Salz und Kräutern würzen. Alles sorgfältig in das Fleisch einmassieren. Anschließend pfeffern, in einen Bräter legen und mit Aluminiumfolie abdecken. Das Fleisch 20 Minuten im Ofen garen. Den Bräter aus dem Ofen nehmen, die Alufolie entfernen, den Weißwein zugießen und so lange weitergaren, bis die Haxe gar und schön gebräunt ist.

2. Das Fleisch abkühlen lassen, vom Knochen lösen, in Stücke zupfen und mit Öl beträufeln. Alternativ kann auch eine vorgegarte Haxe verwendet werden, die nur noch ausgelöst werden muss.

3. Die Schalotte in feine Streifen schneiden, mit etwas Öl in einer Antihaft-Pfanne anschwitzen und salzen. Den Rotkohl in sehr feine Streifen schneiden oder hobeln. Mit Salz und Öl anmachen.

4. Den Fladen erwärmen und das Fleisch noch einmal in der Pfanne erhitzen. In die Mitte des Fladens legen. Mayonnaise, Schalotte und Kohl hinzufügen. Mit einem Spritzer Aceto balsamico verfeinern und zum Wrap zusammenklappen.

Nr. 7

Bei diesem Panini gibt es keine Hauptrolle. Die drei Basiszutaten – Schweinefilet, Ziegenkäse und Topinambur – sind gleichermaßen wichtig und regen verschiedene Geschmacksknospen an: ein Schlagabtausch der Aromen.

DREI MUSKETIERE

Mit Schweinefilet, Ziegenkäse, Topinambur und Sellerie

x 1

BROT

Kaiserbrötchen mit Sesam

BELAG

Schweinefilet .... **100 g**
Ziegenfrischkäse .... **20 g**
Topinambur .... **50 g**
Selleriestange **1**
Knoblauchzehe **1**
natives Olivenöl extra,
Marsala oder anderer Dessertwein,
Wacholderbeeren,
Salbei,
Salz und frisch gemahlener Pfeffer

1. Das Fleisch in einer Pfanne mit etwas Öl, der zerdrückten Knoblauchzehe, ein paar Salbeiblättern und einigen im Mörser zerdrückten Wacholderbeeren anbraten. Es sollte außen schön braun und in der Mitte rosa sein. Salzen und einige Minuten ruhen lassen. Das Fleisch in 5 mm dicke Scheiben schneiden.

2. Den Topinambur sorgfältig putzen, in feine Scheiben schneiden und in einer Pfanne mit etwas Öl anbraten. Mit Marsala ablöschen und bei geschlossenem Deckel garen. Falls nötig, mehr Wasser zugeben. Am Ende sollten die Scheiben sehr weich, aber noch ganz sein. Mit Öl beträufeln und mit Salz und Pfeffer würzen. Den Sellerie fein hacken oder würfeln und mit Salz und Öl anmachen.

3. Das Brötchen aufschneiden und leicht toasten. Den Ziegenfrischkäse auf die untere Brötchenhälfte streichen, Fleischscheiben und angebratenen Topinambur darauf verteilen. Mit dem gewürfelten Sellerie bestreuen und die obere Brötchenhälfte auflegen.

SCHON GEWUSST?

Die Intensivhaltung von Schweinen geht nicht nur zu Lasten des Tierwohls, sondern auch der Fleischqualität. Die Rückkehr zu artgerechterer Haltung und die Schlachtung ausgewachsener Tiere garantieren, dass Fleisch wieder schmeckt, wie es schmecken soll. Wann immer es möglich ist, versuchen Sie bitte, solches Fleisch zu kaufen.

Nr. 8

Trotz des gehaltvollen Belags mit Fleisch und Käse schmeckt dieses Panino sehr frisch und aromatisch. Geschmackliche Ausgewogenheit ist immer das oberste Ziel.

ODYSSEUS

Mit Rindercarpaccio, Brombeerkonfitüre, Pecorino und Zitronenschale

x 1

BROT

runde Leinsamenbrötchen

BELAG

Rindercarpaccio .... **80 g**
mittelalter Pecorino .... **20 g**
Brombeerkonfitüre .... **1 EL**
Karotte **1**
Kuhmilchfrischkäse,
z. B. Crescenza .... **20 g**
Bio-Zitrone,
natives Olivenöl extra,
Basilikumblätter,
Salz

1. Das Carpaccio dünn aufschneiden und mit etwas Öl beträufeln. Die Basilikumblätter zerzupfen und auf das Fleisch streuen, nach Belieben salzen. Den Pecorino in dünne Späne hobeln. Die Karotte putzen und mit einem Sparschäler einige lange Streifen abschneiden.

2. Das Brötchen aufschneiden und leicht toasten. Den Frischkäse auf die untere Brötchenhälfte streichen und wie folgt schichten: zuerst die marinierten Carpaccioscheiben, dann Brombeerkonfitüre, Karottenstreifen und schließlich die Pecorinospäne. Mit etwas abgeriebener Zitronenschale würzen und die obere Brötchenhälfte auflegen.

SCHON GEWUSST?

Die Verarbeitung von Schafsmilch hat im Mittelmeerraum eine jahrtausendealte Tradition. Vor allem die Inseln in Mittel- und Süditalien genießen mit Spezialitäten wie Fiore Sardo DOP, Pecorino Romano DOP und Pecorino Toscano DOP einen internationalen Ruf.

Nr. 9

CITY

Mit Huhn, Senf, Nüssen, Salat und Honig

x 1

BROT

Weizenmehlbrötchen mit Olivenöl

BELAG

Hähnchenfleisch (Schenkel oder Brust) .... **100 g**
Bio-Orange **1/2**
Romanasalat, geröstete Haselnusskerne, Dijon-Senf, Orangenblütenhonig, Rosmarin, natives Olivenöl extra
Salz und frisch gemahlener Pfeffer

1. Das Fleisch sorgfältig mit Salz, Olivenöl und Rosmarin einreiben und einige Stunden marinieren. Bei geringer Hitze in einer Pfanne mit geschlossenem Deckel garen. Etwas abkühlen lassen, dann in Stücke zupfen, die Knochen entsorgen. In einer sehr heißen Pfanne das Pulled Chicken in Olivenöl anbraten, bis es leicht knusprig ist, dann pfeffern.

2. Die Salatblätter waschen und trocknen. Die Haselnusskerne grob hacken. Das Brötchen an einer langen Seite auf-, aber dabei nicht ganz durchschneiden und leicht toasten.

3. Die Schnittflächen des Brötchens dünn mit Senf bestreichen, dann mit Salat und Hähnchenfleisch belegen. Ein wenig Honig über das Fleisch träufeln. Mit gehackten Nüssen und fein abgeriebener Orangenschale bestreuen. Am Ende die Brötchenhälften zusammendrücken.

Nr. 10

HOTDOG

Mit Würstchen, Wirsing, Zwiebel und Radieschen

x 1

BROT

Hotdog-Brötchen

BELAG

Schweinswürstchen .... **100 g**
Wirsing .... **40 g**
rote Zwiebel **1/2**
Radieschen **2**
körniger Senf .... **15 g**
Mayonnaise .... **20 g**
Akazienhonig .... **1 TL**
Rohrzucker .... **1 TL**
Erdnussöl .... **400 ml**
Apfelessig, Mehl (Type 405), Salz

1. Das Würstchen in einer Pfanne schön knusprig braten und dabei immer wieder einstechen, damit das überschüssige Fett austreten kann. Die Zwiebel in Ringe schneiden, salzen, durch den Honig ziehen, im Mehl wenden und im Erdnussöl frittieren. Den Wirsing in feine Streifen schneiden und mit Salz, Zucker und etwas Essig anmachen. Die Radieschen in feine Scheiben schneiden.

2. Das Brötchen an der langen Seite auf- aber nicht ganz durchschneiden. Eine Hälfte mit Senf, die andere mit Mayonnaise bestreichen. Das Brötchen mit Wirsing, Würstchen, Zwiebeln und Radieschen füllen. Am Ende die Brötchenhälften zusammendrücken.

BEI DER NEUINTERPRETATION VON KLASSIKERN GILT ES, NEUES HINZUZUFÜGEN, OHNE DAS TRADITIONELLE ZU VERFÄLSCHEN.

Nr. 11

Ein Panini mit rohem Fleisch zusammenzustellen ist nicht ganz einfach, denn das zarte Fleisch darf geschmacklich nicht überlagert werden. Meerrettich ist ideal, weil er eine sanfte, frische Schärfe besitzt und so die delikate Note vom Tatar ausgleicht.

FEINSCHMECKER

Mit Rindertatar, Beteblättern und Meerrettichmayonnaise

x 1

BROT

Hamburgerbrötchen

BELAG

Rinderfilet .... **120 g**
Rote-Bete-Blätter.......................... **3**
Gelbe-Bete-Blätter........................ **3**
Mayonnaise .... **20 g**
Zitronensaft .... **1 Spritzer**
frischer Meerrettich,
natives Olivenöl extra,
Salz und frisch gemahlener Pfeffer

1. Das rohe Rindfleisch durch den Fleischwolf drehen. Mit Öl, Salz, Pfeffer und einem Spritzer frisch gepresstem Zitronensaft vermengen und mindestens 15 Minuten im Kühlschrank ziehen lassen.

2. Die Stiele der Beteblätter abschneiden. Die Blätter sehr kurz in etwas Öl in einer Pfanne anbraten und danach salzen. Die Betestiele nach Farben getrennt in recht kleine Stücke schneiden. Separat in der Pfanne anbraten, salzen und etwas Öl zugeben. Die Mayonnaise mit frisch geriebenem Meerrettich und ein wenig Öl verrühren.

3. Das Brötchen aufschneiden und leicht toasten. Mithilfe eines Dessertrings, der dem Brötchendurchmesser entspricht, den Belag aufbauen. Die Schnittflächen des Brötchens mit der Meerrettichmayonnaise bestreichen. Auf die untere Hälfte die Rote-Bete-Stiele und anschließend die Hälfte der Beteblätter legen. Dann, ebenfalls mithilfe des Dessertrings, das Fleisch und eine weitere Schicht Beteblätter auflegen. Die Gelbe-Bete-Stiele obenauf verteilen und die obere Brötchenhälfte auflegen.

Nr. 12

Dieser Belag ist von der chinesischen Küche inspiriert.
Die grüne Paprikaschote verleiht eine leicht säuerliche und frische Note. Sie können entweder luftgetrockneten rohen Pancetta oder frischen, gebratenen verwenden.

GRUSS AUS FERNOST

Mit Kartoffelrösti, Paprika, frischem Pancetta und Pilzen

x 1

BROT

chinesische Dampfbrötchen

BELAG

frischer Pancetta in 5–6 mm dicken Scheiben .... **60 g**
Champignons **4–5**
Kartoffel... **1**
grüne Spitz- oder Schmorpaprikaschote **1/4**
vegane Mayonnaise .... **1 TL**
Sojasauce................................. **1 TL**
gemahlener Koriander,
natives Olivenöl extra,
Salz und frisch gemahlener Pfeffer

1. Den in Streifen geschnittenen Pancetta in einer Antihaft-Pfanne vorsichtig anbraten. Herausnehmen, bevor er zu dunkel wird. Die Pilze in Scheiben schneiden und in sehr heißem Öl zügig braten. Nach dem Braten mit Salz und Koriander würzen.

2. Die Kartoffel schälen, auf einen Teller reiben und mit den Händen zu einer recht dünnen Rösti formen. Öl in einer Antihaft-Pfanne erhitzen und die Rösti bei mittlerer Hitze von beiden Seiten braten, danach salzen und pfeffern. Die grüne Paprikaschote in feine Streifen schneiden und mit Salz und Öl anmachen. Sojasauce und Mayonnaise verrühren.

3. Das Brötchen aufschneiden und leicht toasten. Die untere Brötchenhälfte wie folgt belegen: zuerst die Rösti, dann Pancetta, Mayonnaise, gebratene Pilze und schließlich Paprikastreifen. Zum Schluss die obere Brötchenhälfte auflegen.

FISCH

PANINI MIT FISCH

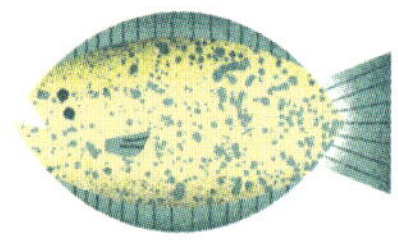

FISCH	**FETTER FISCH** (delikate Aromen) Lachs, Meerbarbe, Makrele, Aal, Zuchtfische, Sardine, Forelle, Zahnbrasse, Hering, Thunfisch	**WEISSFLEISCHIGE FISCHE** (delikate Aromen) Dorade, Seebarsch, Steinbutt, Seezunge, Kabeljau, Seehecht, Stockfisch, Zackenbarsch	**SALZHALTIGE FISCHE** Sardellen, Bottarga, Klippfisch, Makrelen oder andere gesalzene oder trocken gebeizte Fische, Austern
WÜRZIG	Pecorino, Provolone, Kapern, Oliven, Feta	Kapern, Oliven, Bottarga, gesalzene Sardellen, Prosciutto crudo, luftgetrocknete Schweinelende, Coppa, Tiroler Speck, gesalzene Butter	
MILD/DELIKAT			gegarter Kürbis, Rosinen, kandierte Früchte (keine roten), Trockenfrüchte, karamellisierte Zwiebeln, Aprikosen, gegarte Paprikaschote, Prosciutto crudo
CREMIG	Mayonnaise, Pesto von grünem Blattgemüse, gegarte Auberginen, gegarte Paprikaschoten	Butter, Mayonnaise, gegarte Kartoffeln, Pürees aus gegarten Hülsenfrüchten, gegarte Karotten, gegarte Schalotten	Ei, Weichkäse, gegarte Kartoffeln, gegarter Brokkoli/Blumenkohl, Burrata, Mozzarella, gegarter Kürbis/Rosenkohl/Topinambur
FRISCH	Pfirsich, Mango, Weintrauben, Zitrusfrüchte, Salatgurke, Fenchel, Rucola, Salat, Rosmarin, Dill, Petersilie, Estragon, Basilikum, Kümmel	Salat, Mangold, Petersilie, Estragon, Zitronenschale, Safran, Thymian, Majoran, Fenchel, Sternanis	Stangensellerie, Rucola, Fenchel, rohe Paprikaschote, Gemüsezwiebeln, Salat, Salatgurke, Melone, Tomaten, Oregano, Thymian, Minze, Basilikum
KNACKIG	Pinienkerne, Mandeln, roher Rotkohl, rohe Zwiebeln, Granatapfelkerne, Mohnsamen	Mandeln, Pinienkerne, Radieschen, Haselnusskerne, rohe Karotten, Knollensellerie, rohe Artischocken	Haselnusskerne, Pinienkerne, rohe Zucchini, Weißkohl, rohe Zwiebeln, Salatgurke
SCHARF	Meerrettich, Peperoncino, Radieschen, Currypulver	Meerrettich, Radieschen, Peperoncino, Knoblauch, Kurkuma, weißer Pfeffer	Rübstiel, natives Olivenöl extra, scharfe Zwiebeln, Pfefferminze
SÄUERLICH	Weinessig, Aceto balsamico, Zitrussaft, sauer eingelegtes Gemüse, Tomaten mit hohem Säuregehalt, Weintrauben, Granatapfel	grüne Oliven, Orangenfilets, Aceto balsamico	Limette, Orange, Zitrone, Ziegen-Robiola oder -Stracchino, grüne Tomaten
HERB	Radicchio, Artischocke, roher Spinat, natives Olivenöl extra, gegrilltes Gemüse	Chicorée, Kresse, Spargel, Radicchio, Rucola	Rucola, natives Olivenöl extra, Minze, Basilikum

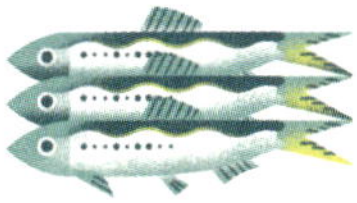 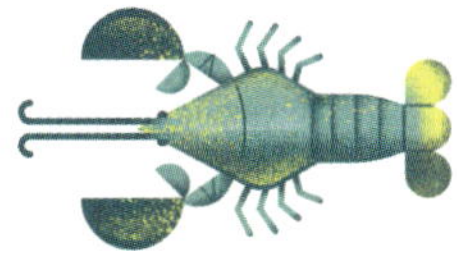 

	FISCHKONSERVEN	**KRUSTENTIERE**	**GERÄUCHERTER FISCH**
FISCH	Thunfisch, Makrele, Sardinen und andere in Öl eingelegte Fische	Krabben, Krebse, Garnelen, Scampo (Kaisergranat), Hummer, Languste	Thunfisch, Schwertfisch, Lachs, Kabeljau, Forelle, Makrele oder anderer Räucherfisch
WÜRZIG		kräftiger Käse, Prosciutto crudo, luftgetrockneter Pancetta oder Guanciale	Kapern, Pilze, sardischer Pecorino, mittelalter bis alter Ziegenkäse, junger Parmigiano Reggiano oder Grana Padano
MILD/DELIKAT		Pfirsich, Mango, Süßkirschen, grüner Apfel, Mispeln	Erdbeeren, Röstzwiebeln, Spargel, Weintrauben, Topinambur, gegarte Maronen, Rosinen
CREMIG	Püree von gegarten Hülsenfrüchten, gegarter Rosenkohl, gedämpftes Gemüse, Mayonnaise, Mozzarella, getrocknete Tomaten, gebratene Auberginen, Ei	Mayonnaise, gegarte Kartoffeln, Mispeln	Avocado, Kartoffeln, Ziegenfrischkäse, Mozzarella, Burrata, Ei, gegarte Zucchini, Pilze
FRISCH	Tomate, Basilikum, Salat, Stangensellerie, Vanille, Sternanis	Süßkirschen, Weißkohl, Rucola, Pfirsich, Mango, Kümmel	Zitronenschale, Petersilie, Weintrauben, Vanille
KNACKIG	rohe Zwiebeln, gegarte Schnittbohnen, gebratene Zucchini, Lauchzwiebeln, Radieschen, Stangensellerie, Granatapfel	Weißkohl, Mandeln, Granatapfelkerne	Lauchzwiebeln, rohe Zucchini
SCHARF	Meerrettich, rohe Zwiebeln, Radieschen, Pecorino	Pfeffer, Rucola, Peperoncino	rohe Zwiebeln, schwarzer/grüner Pfeffer, rosa Pfefferbeeren
SÄUERLICH	eingelegte Perlzwiebeln, Tomate, Feta oder Pecorino „Primosale", Granatapfel	blanchierte Süßkirschen, Sauerkirschen, Aceto balsamico, Pfirsich, Mango, grüner Apfel	blanchierte Süßkirschen, Heidelbeeren, Johannisbeeren, Zitronensaft zum Marinieren
HERB	Kresse, Radicchio, blanchierter Chicorée	Rucola, Kresse, im Ofen gegarte Karde (wilde Artischocke)	

Nr. 13

Die Zubereitung ist nicht besonders schwierig, aber das Kochen von Oktopus verlangt Fingerspitzengefühl. Die Kombination von zwei Milchprodukten – einem kräftigen und einem frischen, cremigen Käse – ist sehr interessant und liegt voll im Trend.

MEDITERRAN

Mit Oktopus, Provolone, Tomaten, Ricotta, Oliven und Mandeln

x 1

BROT

Hamburgerbrötchen mit Sesam

BELAG

Oktopus .... **80 g**
einige Stücke Stangensellerie, Karotte und Zwiebel
reifer Provolone .... **20 g**
Ricotta .... **40 g**
Cocktailtomaten **5**
grüne Oliven ohne Stein **5**
blanchierte Mandeln **10**
Weinessig,
natives Olivenöl extra,
Rohrzucker,
frische Thymianblättchen,
Salz und frisch gemahlener Pfeffer

1. Den Oktopus mit dem klein geschnittenen Suppengemüse in Salzwasser kochen. Die Garzeit beträgt 30 bis 40 Minuten, variiert aber je nach Größe. Den Oktopus im Kochwasser abkühlen lassen. Anschließend abtropfen und in mundgerechte Stücke schneiden. Mit etwas Essig und Öl anmachen.

2. Den Backofen auf 80 °C vorheizen. Die Tomaten halbieren und mit der Schnittfläche nach oben auf ein Backblech legen. Mit Salz, Zucker und Thymianblättchen bestreuen und 60 Minuten im Ofen trocknen lassen.

3. Den Provolone in Stifte oder feine Scheiben schneiden. Die Oliven halbieren. Die Mandeln bei geringer Hitze in einer Antihaft-Pfanne oder im Ofen leicht rösten.

4. Das Brötchen aufschneiden und leicht toasten. Den Ricotta auf die untere Brötchenhälfte streichen, pfeffern und dann die Zutaten wie folgt schichten: zuerst den Oktopus, dann Provolone, Oliven und schließlich die gebackenen Tomaten. Die gerösteten Mandeln grob zerkleinern und darüberstreuen. Nach Belieben mit Öl beträufeln, dann die obere Brötchenhälfte auflegen.

Nr. 14

Dieses Panino ist ideal für den Strand. Denn hier verbinden sich die zurückhaltenden Aromen von Garnelen und Mozzarella perfekt mit der leichten, aromatischen Säure der Passionsfrucht. Es ist aber auch so köstlich, dass es auf dem Sofa schmeckt.

PASSION

Mit Garnelen, Mozzarella, Passionsfrucht und Zucchini

x 1

BROT

Weizenmehlfladenbrot mit Olivenöl

BELAG

Garnelen **8–10**
Passionsfrucht **1**
Zucchini **1**
Mozzarella Fiordilatte .... **30 g**
Rum .... **10 ml**
natives Olivenöl extra,
gemahlener Koriander,
Salz

1. Die Garnelen waschen, schälen und den Darm entfernen. In einer Antihaft-Pfanne mit etwas Öl bei starker Hitze kurz anbraten und mit dem Rum ablöschen. In eine Schüssel geben und auf Raumtemperatur abkühlen lassen. Mit Salz, Koriander, 2 Teelöffeln Passionsfruchtfleisch und etwas Öl anmachen. Gut vermengen und 10 Minuten marinieren.

2. Die Zucchini waschen. Mit einem Messer nur den dunkelgrünen Teil der Zucchini in feine Streifen schneiden (den hellen Teil anderweitig verwenden) und in eine kleine Schüssel geben. Salzen, mit etwas Öl beträufeln und einige Minuten ruhen lassen, damit die Zucchini etwas weicher wird. Den Mozzarella in 2–3 mm dicke Scheiben schneiden.

3. Das Fladenbrot wie ein Brötchen aufschneiden und leicht toasten. Die untere Hälfte mit Mozzarella, Zucchinistreifen und Garnelen belegen. Die obere Hälfte auflegen.

SCHON GEWUSST?

Mozzarella ist ein Käse aus Kuh- oder Büffelmilch und ganz typisch für Süditalien. Bei der manuellen Herstellung wird die Bruchmasse gesäuert, gebrüht und zu langen Fäden gezogen. Hier verwende ich einen Mozzarella des Typs Fiordilatte, der aus Kuhmilch hergestellt wird und etwas trockener ist.

be who you are
people happy
"And the day
remain tight in
was more

Nr. 15

Dieses Rezept lässt sich durch die Verwendung von verschiedenen zart geräucherten Fischen ganz einfach variieren. Kombinieren Sie diese mit leicht säuerlichen Früchten der Saison und erfinden Sie Ihre ganz persönliche Lieblingsvariante.

NORDMEER

Mit Räucherlachscarpaccio, Ziegenkäse, Rucola und Heidelbeeren

x 1

BROT
Roggenbrötchen

BELAG
hauchdünn geschnittener Räucherlachs, alternativ geräucherte Forelle oder geräucherter Schwertfisch .... **70 g**
Robiola di Roccaverano DOP oder ein anderer junger Ziegenweichkäse .... **20 g**
einige Heidelbeeren oder Süßkirschen,
Rucola,
Zucker,
Salz

1. Eine mitteldicke Scheibe Robiola abschneiden. Die Heidelbeeren in einer Schale mit etwas Zucker und einer Prise Salz bestreuen, dann ein wenig ziehen lassen. Sollten Sie Kirschen verwenden, diese vorher entsteinen und halbieren.

2. Das Brötchen aufschneiden und leicht toasten. Die untere Hälfte mit Rucola belegen und 2 dünne Räucherlachsscheiben locker darauf anrichten. Es folgen Robiola und Heidelbeeren. Schließlich die obere Brötchenhälfte auflegen.

SCHON GEWUSST?

Der im Piemont produzierte Robiola di Roccaverano DOP ist das köstliche Ergebnis des Zusammenspiels italienischer und französischer Käsereikunst. Der Käse zeichnet sich vor allem durch seine besondere Frische und den geringen Säuregehalt aus, beides Eigenschaften, die auf die spezielle Herstellungsmethode zurückgehen.

SCANDI STYLE

Nr. 16

Manchmal ergeben bewährte Kombinationen die besten Panini. Die sorgfältige Auswahl auch der einfachsten Zutaten liefert uns alles, was wir für ein »Gourmet-Panino« brauchen.

MEXICANA

Mit Makrele, Tomaten, Oliven, Salat und Zitronenschale

x 1

BROT

Maistortilla

BELAG

frisches Makrelenfilet **1**
Eiertomate **1**
Bio-Zitrone **1/2**
schwarze Oliven ohne Stein **4–5**
vegane Mayonnaise,
Salatblätter,
Rohrzucker,
natives Olivenöl extra,
frische Thymianblättchen,
frischer Majoran,
Salz

1. Das Makrelenfilet mit Öl beträufeln und mit Salz, Rohrzucker, gehacktem Thymian und Majoran bestreuen. Alles andrücken. Zugedeckt 24 Stunden im Kühlschrank marinieren. Wenn es schneller gehen soll, die Makrelenfilets mit Thymian- oder Majoranblättern in der Pfanne braten. Das Filet in 5 mm dicke Scheiben schneiden.

2. Die Tomate in dünne Scheiben schneiden und mit Öl, Thymian und Salz anmachen. 1 oder 2 Kopfsalatblätter waschen und trocknen.

3. Die Tortilla leicht erwärmen und mit Mayonnaise bestreichen. Die Salatblätter darauf verteilen und mit Tomate und Makrele belegen. Zum Schluss die klein geschnittenen schwarzen Oliven und etwas abgeriebene Zitronenschale darüberstreuen.

SCHON GEWUSST?

Makrele ist eine gute Alternative zu Thunfisch, dessen Bestände gefährdet sind. Makrele hat alle positiven Eigenschaften eines fetten Fisches, also auch den herrlich kräftigen Geschmack, der gerade einfachen Gerichten Aroma verleiht.

Nr. 17

EXOTISCH

Mit Forelle, Salatgurke, Mango und Joghurt

x 1

BROT

Mehrkornbrötchen mit Kurkuma

BELAG

Forellenfilet **1/2**
Salatgurke **1/2**
reife Mango **1/4**
Griechischer Joghurt mit 10 % Fett, getrockneter Dill, Rucola, natives Olivenöl extra, Salz

1. Das Forellenfilet in einer Antihaft-Pfanne mit heißem Olivenöl anbraten. Am Ende der Garzeit mit Dill und Salz bestreuen. Die Gurke schälen und in 2 mm dicke Scheiben schneiden. Die Mango schälen und in feine Streifen schneiden. Leicht salzen.

2. Den Joghurt mit Öl und Salz in einer Schüssel verrühren. Den Rucola waschen und die Stiele entfernen. Die Blätter gut trocknen.

3. Das Brötchen aufschneiden und kräftig toasten. Die unteren Hälfte mit Gurkenscheiben und Rucola belegen. Das Forellenfilet etwas zerpflücken und darauflegen. 1–2 Esslöffel Joghurtsauce über die Forelle geben, damit der Fisch bedeckt ist. Die Mangostreifen und weiteren Rucola darauf verteilen. Die obere Brötchenhälfte auflegen.

Nr. 18

ÜBERRASCHUNG

Mit Sardellenfilets, Kürbis, Pinienkernen und Limette

x 1

BROT

Bauernbrot mit Hartweizen

BELAG

Sardellenfilets in Öl **4–5**
Kürbisfruchtfleisch .... **50–60 g**
Bio-Limette **1**
geröstete Pinienkerne .... **10 g**
frisch gehackte rote Chilischote,
natives Olivenöl extra, Salz

1. Die Sardellen kurz abspülen, gut abtropfen lassen und auf Küchenpapier legen. Den Kürbis in etwas Wasser dämpfen, bis er weich ist. In einer Schüssel mit Öl und einer Prise Salz verrühren, dann mit einer Gabel zerdrücken, bis eine möglichst glatte Creme entstanden ist.

2. Zwei Brotscheiben abschneiden und leicht toasten. Das Kürbispüree auf die untere Scheibe streichen und die vorbereiteten Sardellenfilets darauf verteilen. Mit Pinienkernen, Chili und frisch abgeriebener Limettenschale bestreuen. Die zweite Brotscheibe auflegen.

MANCHMAL MUSS MAN ETWAS WAGEN UND ZUTATEN KOMBINIEREN, DIE MAN SPONTAN NICHT ZUSAMMENGESTELLT HÄTTE.

Nr. 19

In einer Trattoria in der norditalienischen Po-Ebene habe ich einmal direkt am Fluss einen unvergesslichen Stör-Risotto gegessen. Und diese kulinarische Tradition der Verarbeitung von Süßwasserfisch habe ich in dieses Panini einfließen lassen. Zugegeben: Die Idee ist geklaut!

EDEL

Mit Stör-Curry-Creme, schwarzen Oliven, Estragon und Petersilie

x 1

BROT

Kaiserbrötchen mit Sesam

BELAG

Störfilet ....**150 g**
schwarze Oliven ohne Stein **7–8**
Bio-Zitrone................................ **1/2**
mittelscharfes Currypulver...... **1 TL**
natives Olivenöl extra,
Weißwein,
frischer Estragon,
frische Petersilie,
Salz

1. Den Sous-Vide-Garer auf 65 °C aufheizen. Den Stör in die Mitte des Sous-Vide-Garers legen und 20–30 Minuten garen. Alternativ in einer Pfanne bei schwacher Hitze anbraten, mit Weißwein ablöschen und nach Belieben salzen. Bei geschlossenem Deckel gar dünsten, dann auf Raumtemperatur abkühlen lassen.

2. Den gegarten Stör mit dem Currypulver, 2 Esslöffeln Öl und etwas abgeriebener Zitronenschale in eine Schüssel geben. Alle Zutaten vorsichtig mit einer Gabel mischen und zu einer stückigen Creme zerdrücken. Mit Salz abschmecken. Estragon und Petersilie grob hacken.

3. Das Brötchen aufschneiden und leicht toasten. Die Störcreme auf die untere Brötchenhälfte streichen. Mit klein geschnittenen Oliven und gehackten Kräuter bestreuen. Mit etwas Öl beträufeln und die obere Brötchenhälfte auflegen.

Nr. 20

Durch seine weiche Konsistenz ist Klippfischfleisch ideal für Panini. Hier gleichen Orange und Rucola seinen intensiven Geschmack aus. Von den Portugiesen können wir lernen, dass die Kombinationsmöglichkeiten mit Klipp- oder Stockfisch schier endlos sind.

AM HAKEN

Mit Klippfisch, Oliven, Rucola, Orangen und Mandeln

x 1

BROT

ungesalzenes Weizenbrot aus der Toskana

BELAG

gewässerter Klippfisch
ohne Haut und Gräten .... **100 g**
Knoblauch .... **1 Zehe**
Kartoffel **1**
geschälte Tomaten .... **100 g**
Rucola .... **10 g**
Orange **1**
Kapern in Meersalz,
blanchierte, geröstete Mandeln,
schwarze Oliven ohne Stein,
Weißwein,
natives Olivenöl extra,
Salz

1. Die Kartoffel in sehr kleine Würfel schneiden. In einer Antihaft-Pfanne mit etwas Öl und der zerdrückten Knoblauchzehe bei mittlerer Hitze braten. Kurz bevor der Knoblauch braun wird, abgespülte Kapern, Oliven und Klippfisch zugeben. Alles rundum anbraten und mit Weißwein ablöschen. Die geschälten Tomaten dazugeben, die Hitze reduzieren und 30–40 Minuten mit geschlossenem Deckel schmoren. Danach mit Salz abschmecken.

2. Die Orange schälen und die weißen Schalenreste entfernen. Die komplette Orange quer in dünne Scheiben schneiden.

3. Das Brot in 1,5 cm dicke Scheiben schneiden und leicht toasten. Den gegarten Klippfisch etwas zerpflücken und mit ein wenig Sud auf die untere Brotscheibe legen – das Brot sollte nicht durchfeuchten. Orangenscheiben, Rucolablätter und gehackte Mandeln darauf verteilen. Die zweite Brotscheibe auflegen.

Nr. 21

Dieses Panino ist zu jeder Tageszeit ein Genuss – schon zum Frühstück. Für den Belag stand die skandinavische Küche Pate, in der die Kombination von Brot und Lachs ein echter Klassiker ist. Probieren Sie es auch mit Wildlachs oder mit Rotlachs (Sockeye)!

AFFUMICATO

Mit Räucherlachs, Dill, Roter Bete und Joghurtsauce

x 1

BROT

Roggenbrot

BELAG

frisches Lachsfilet .... **150 g**
Rote Bete **1**
Joghurt, 3,5 % Fett.................. **30 g**
Mayonnaise .... **1 TL**
Bio-Zitronenschale .... **1 Stück**
Rohrzucker.............................. **1 TL**
Apfelessig,
natives Olivenöl extra,
Stangenselleriеblätter,
getrockneter Dill,
Salz und frisch gemahlener Pfeffer

1. Das Lachsfilet mit 1 Esslöffel Salz, Pfeffer und dem Rohrzucker bestreuen und gut einmassieren. Sellerieblätter und klein geschnittene Zitronenschale hinzufügen und 24 Stunden im Kühlschrank marinieren.

2. 1 Esslöffel der entstandenen Marinadeflüssigkeit für die Zubereitung der Joghurtsauce aufbewahren, den Rest abgießen. Den Lachs in einen Behälter mit hohem Rand geben und mit Frischhaltefolie abdecken. Die Düse einer kleinen Räucherpfeife (im Internet erhältlich) unter die Folie schieben und mit Aromaholz (z. B. Kirsche) leicht räuchern. 15–20 Minuten reichen aus. Alternativ können Sie auch kalt geräucherten Lachs kaufen.

3. Die Rote Bete 7–8 Minuten dämpfen. Abkühlen lassen, schälen und in 3 mm dicke Scheiben schneiden. Salzen und mit Apfelessig würzen. Den Joghurt mit Mayonnaise, 1 Esslöffel Öl und der aufgefangenen Marinade in einer kleinen Schüssel verrühren. Mit Salz abschmecken.

4. Das Brot in Scheiben schneiden, toasten und mit Öl beträufeln. Die Rote-Bete-Scheiben überlappend auf die unterste Brotscheibe legen. Den Lachs – am Stück oder in Streifen geschnitten –, einen großzügigen Klecks Joghurtsauce, frisch gemahlenen Pfeffer, weitere Sellerieblätter und Dill darübergeben. Die zweite Brotscheibe auflegen.

Nr. 22

Taleggio ist im Allgemeinen ein schwer zu kombinierender Käse, und deshalb ist Vorsicht geboten. Am besten kaufen Sie einen weniger reifen Taleggio mit frischer, delikater Note. Hat er den richtigen Reifegrad, wird aus dem Panino ein sinfonisches Meisterwerk.

MAESTRO

Mit Garnelen, Taleggio, Zitrone, schwarzen Oliven und Basilikum

x 1

BROT

dunkles Ciabattabrötchen

BELAG

Garnelen **6–7**
Ziegentaleggio .... **20 g**
Bio-Zitrone................................ **1/2**
schwarze Oliven ohne Stein,
Basilikumblätter,
natives Olivenöl extra,
rosa Pfefferbeeren,
Salz

1. Die Garnelen schälen und den schwarzen Darm entfernen. In einer Antihaft-Pfanne etwas Öl stark erhitzen, die Garnelen hineingeben, leicht salzen und den Herd sofort wieder ausschalten. Nun die Garnelen mit Pfeffer bestreuen, den Deckel auflegen und gar ziehen lassen.

2. Einige dünne Scheiben Taleggio abschneiden und die Rinde entfernen, damit der Käsegeschmack nicht zu dominant ist.

3. Das Ciabattabrötchen aufschneiden und toasten, sodass es außen knusprig und innen noch weich ist. Die Taleggioscheiben auf die untere Hälfte legen, darauf die angebratenen Garnelen verteilen. Mit klein geschnittenen Oliven, klein gezupften Basilikumblättern und ein wenig frisch abgeriebener Zitronenschale bestreuen. Die obere Ciabattahälfte auflegen.

SCHON GEWUSST?

Taleggio ist ein norditalienischer Käse, der vor allem in den Voralpentälern in der Lombardei hergestellt wird. Er durchläuft einen längeren Reifungsprozess und hat daher einen intensiveren und ganz eigenen Geschmack. Für dieses Panino habe ich mich für einen Taleggio aus Ziegenrohmilch entschieden.

Nr. 23

RETTUNGSRING

Mit Mozzarella di bufala, Thunfisch und Weintrauben

x 1

BROT

Bagel

BELAG

frisches Thunfischfilet .... **100 g**
Mozzarella di bufala campana DOP .... **60 g**
helle und dunkle Weintrauben,
natives Olivenöl extra,
frischer Rosmarin,
Salz

1. Das Thunfischfilet in einer Pfanne mit etwas Öl anbraten und rundum salzen. Bei geringer Hitze fertig garen, sodass das Fleisch in der Mitte rosa ist. Ruhen lassen und dünn aufschneiden. Den Mozzarella in 2–3 mm dicke Scheiben schneiden. Die Weintrauben vierteln und bei Bedarf die Kerne entfernen.

2. Den Bagel aufschneiden und leicht toasten. Zuerst den Mozzarella auf der unteren Bagelhälfte verteilen, dann die Thunfischscheiben darauf anrichten. Mit kaltgepresstem Öl beträufeln. Zum Schluss die Weintrauben und ein wenig fein gehackten Rosmarin darüber verteilen. Die obere Bagelhälfte auflegen.

Nr. 24

LECKERBISSEN

Mit Bottarga, Zucchini, Karotte, Mozzarella und Zitrone

x 1

BROT

Baguette

BELAG

Bottarga von der Meeräsche .... **10–15 g**
Mozzarella Fiordilatte .... **120 g**
Karotte **1**
Zucchini **1**
Bio-Zitrone **1/2**
natives Olivenöl extra,
frische Thymianblättchen,
Salz

1. Die Karotte putzen und schälen. Die Zucchini putzen. Mit einem Sparschäler oder einem Gemüsespitzer von der Karotte und der Zucchini – hauptsächlich vom grünschaligen Teil – breite Streifen abschneiden. Öl und geriebene (oder gemahlene) Bottarga gut vermengen, ggf. erwärmen, damit eine glatte Creme entsteht. Das Gemüse damit überziehen. Den Mozzarella in 3–4 mm dicke Scheiben schneiden.

2. Ein Stück Baguette wie ein Brötchen aufschneiden und leicht toasten. Auf der unteren Hälfte die Mozzarellascheiben verteilen, dann das Gemüse daraufgeben. Mit ein wenig frisch abgeriebener Zitronenschale und Thymianblättchen bestreuen. Das obere Baguettestück auflegen.

REGEL NUMMER EINS FÜR EIN PERFEKTES PANINO: DIE ZUTATEN KENNEN UND NUR BESTE QUALITÄT VERWENDEN.

GEMÜSE

PANINI MIT GEMÜSE

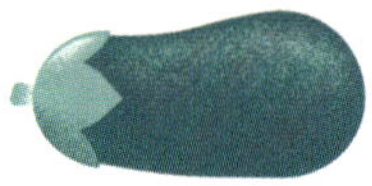

GEMÜSE	**NACHTSCHATTENGEWÄCHSE** (eher säuerlich) Tomaten, Paprikaschoten, Auberginen	**KOHL, KARTOFFEL & Co.** (eher mild) Brokkoli, Wirsing, Blumenkohl, Rosenkohl, Kartoffeln, Kürbis, Zucchini, Mangold, Zwiebeln	**RADICCHIO, ENDIVIENSALAT, STÄNGELKOHL, LÖWENZAHN, RUCOLA, ZICHORIE, CARDY** (eher herb)
WÜRZIG	reifer Käse, Pancetta, Sardellen, Fischkonserven, Oliven, mittelalter Käse, Kapern, Venusmuscheln, Miesmuscheln	Fisch in Öl, Ziegen- und Schafskäse, reifer Käse, Oliven, Kapern, Tiroler Speck, Prosciutto crudo, Pancetta, Salsiccia, Lammfleisch	reifer Käse, Tiroler Speck, würziger Schinken (roh oder gekocht), Salsiccia, Brühwurst oder Schweinebraten
MILD/DELIKAT	Kalbfleisch, helles Fleisch, fetter Fisch, gegarte Zwiebel, Rohrzucker, Honig		gebackene Tomaten oder halbgetrocknete Tomaten, schwarze getrocknete Oliven, milder Schinken (roh oder gekocht), Mortadella
CREMIG	Filata (z.B. Mozzarella, Provolone), geräuchert und ungeräuchert, Ziegenfrischkäse, Ei, Frischkäse, reife Avocado	Trüffelcreme (Crema al Tartufo), Ei, Ziegenfrischkäse, Kräuterkäse, gegarte Maronen, Pilze	Auberginen, Filata, Frischkäse aus Kuhmilch, Mayonnaise
FRISCH	Filata, Ziegenfrischkäse, Basilikum, Minze und andere Küchenkräuter, Süßholz, Gurke, Zitronenschale	Zitronenschale, Pfeffer, Apfel, Ingwer, Salbei, Kümmel, Muskatnuss, Petersilie	Filata, fruchtiges natives Olivenöl extra, Frischkäse aus Kuhmilch, Stangensellerie, Gurke
KNACKIG	rohe rote und weiße Zwiebel, Lauchzwiebel, Gurke, geröstete Erdnuss-, Mandel- und Haselnusskerne	rohe rote und weiße Zwiebel, Lauchzwiebel, Apfel, geröstete Erdnuss-, Mandel- und Haselnusskerne	geröstete Mandeln, grüne Oliven, Karotten, Stangensellerie, Gurke
SCHARF	natives Olivenöl extra, reifer Käse, rohe Zwiebel, Knoblauch, Peperoncini, Meerrettich	Knoblauch, Porree, natives Olivenöl extra, pikante Wurst, Peperoncino, Ingwer	natives Olivenöl extra, Peperoncino
SÄUERLICH		Ziegenfrischkäse, grüner Apfel, Aceto balsamico, Apfelessig, Weinessig	Ziegenfrischkäse, Aceto balsamico, Weinessig
HERB	bitterherbes Blattgemüse, Zitronenschale, Vanille	natives Olivenöl extra, Zitronenschale	

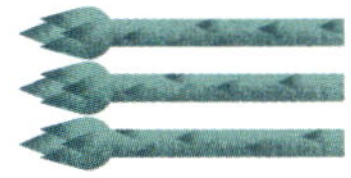

GEMÜSE	**WEISSKOHL, KAROTTEN, FENCHEL, STANGENSELLERIE, GURKE, RADIESCHEN**	**SPARGEL, ARTISCHOCKEN, TOPINAMBUR, PILZE** (eher cremig)	**TRÜFFEL**
WÜRZIG	reifer Käse, Tiroler Speck, Bresaola, Schweinefleisch, grobe Mettwurst, Salami, Salsiccia, Weißfisch	Prosciutto crudo, Tiroler Speck, Brühwurst, Mortadella, Salami, Salsiccia, Pancetta, Bresaola, reifer Käse, gebratenes helles Fleisch, Weißfisch	
MILD/DELIKAT		milder Schinken (roh oder gekocht), Pancetta, Trüffel, helles Fleisch, Lammfleisch, gegarte Kartoffeln, Zwiebeln,	milder Schinken (roh oder gekocht), Mortadella, Kürbis, gegarte Kartoffeln, Butter, Knoblauch, gebratene Leber
CREMIG	grobe Mettwurst, Frischkäse aus Kuh- oder Ziegenmilch, Weißfisch	Ei, Frischkäse aus Kuh- oder Ziegenmilch, Filata, gegarte Kartoffeln, Kürbis, Blauschimmelkäse, Weißfisch	Weißschimmelkäse, Mayonnaise, Kürbis, gegarte Kartoffeln, Pilze, Ei, fetter Fisch, Butter, Frischkäse aus Kuhmilch, gegarter, pürierter Blumenkohl
FRISCH		Frischkäse aus Kuhmilch, Filata, Koriandersamen, Pfefferkörner, Majoran, Thymian, Stangensellerie, Petersilie, Zitrusschale	Stangensellerie
KNACKIG	Apfel, Haselnusskerne, Erdnusskerne, gerösteter Sesam	Stangensellerie, geröstete Mandeln, rohe Zwiebel	Stangensellerie, roher Blumenkohl, zarte, rohe Spargelspitzen
SCHARF	Meerrettich, Kümmel, Knoblauch	reifer Käse, natives Olivenöl extra, Knoblauch, rohe Zwiebel, Blauschimmelkäse	Knoblauch, Porree, natives Olivenöl extra
SÄUERLICH	grüner Apfel, Himbeeren, Ziegenfrischkäse, Erdbeeren, Melone	Ziegenfrischkäse, Mozzarella di bufala	
HERB	Zitrusschale, natives Olivenöl extra	Zitrusschale, natives Olivenöl extra	

Nr. 25

Dieses Panino kombiniert zwei besondere Zutaten: Pecorino und Spargel. Eier werden im Panino eher selten verwendet, aber wenn sie von guter Qualität sind, liefern sie meines Erachtens einen wunderbar seidig weichen Geschmack.

SPIEGELEIVARIATION

Mit grünem Spargel, Pecorino und Pfeffer

x 1

BROT

Ciabatta

BELAG

grüner Spargel **3**

gehobelter Pecorino Sardo (oder vergleichbarer Schafskäse) .... **20 g**

Ei **1**

frisch gemahlener Pfeffer (oder Anissamen) .... **1 TL**

natives Olivenöl extra,

Salz

1. Den Spargel al dente garen. Die Spitzen abschneiden, die Stiele in Stifte schneiden und mit Olivenöl und Salz würzen. In einer Antihaft-Pfanne etwas Olivenöl erhitzen, das Ei aufschlagen und vorsichtig in die Pfanne gleiten lassen, ohne das Eigelb zu beschädigen. Zum Spiegelei braten und leicht salzen.

2. Das Brot aufschneiden und leicht toasten. Zuerst die gewürzten Spargel-Stifte darauf verteilen, dann folgen das Spiegelei und die Spargelspitzen. Zum Schluss mit dem gehobelten Pecorino bestreuen, mit frisch gemahlenem Pfeffer oder den im Mörser grob gestoßenen Anissamen würzen und die zweite Brothälfte auflegen.

SCHON GEWUSST?

Die Erzeugung und Verarbeitung von Schafsmilch gehören zur gastronomischen Tradition Sardiniens. Auf dieser italienischen Mittelmeerinsel hüten die Hirten ihre Schafe im Freien, wo sie ausschließlich frische Kräuter und Blätter vom Gebüsch der mediterranen Macchie fressen – das verleiht dem Pecorino Sardo sein einzigartiges Aroma.

Nr. 26

Rote Paprikaschoten und Sardellen sind wie füreinander geschaffen: Dieses Panino liefert den Beweis. Die leicht herbe Note schafft ein Gegengewicht zur Paprika, insbesondere, wenn sie sehr reif und süß ist. Ich rate davon ab, den Caciocavallo zu erhitzen.

GEHALTVOLL

Mit geschmortem Chicorée, Paprika, Caciocavallo und Cashewkernen

x 1

BROT

Vollkorn- oder Mehrkornbrötchen

BELAG

rote Paprikaschote **1**
Caciocavallo .... **40 g**
Chicorée .... **30 g**
Sardellenfilet in Öl **1**
gehackte Cashewkerne .... **10 g**
Knoblauch .... **1 Zehe**
natives Olivenöl extra,
Salz

1. Den Backofen auf 160 °C vorheizen. Die Paprikaschote in Alufolie wickeln und 40 Minuten im vorgeheizten Ofen garen. In der Folie abkühlen lassen, dann öffnen, die Haut abziehen und das Fruchtfleisch in Streifen schneiden. Mit Salz bestreuen und mit Öl beträufeln. Vom Chicorée die Blätter abzupfen und in grobe Stücke schneiden. In einer Pfanne Öl, zerdrückten Knoblauch und Chicorée bei geringer Hitze schmoren, dann salzen. Das Sardellenfilet fein zerkleinern und hinzugeben.

2. Ein wenig vom Caciocavallo reiben, den Rest in möglichst feine Scheiben schneiden. Die Cashewkerne grob hacken.

3. Das Brötchen aufschneiden und leicht toasten. Die Unterhälfte mit einem Teil der Caciocavallo-Scheiben belegen, dann die Paprikastreifen, eine weitere Schicht Caciocavallo und schließlich den Chicorée darauflegen. Mit Cashewkernen und geriebenem Caciocavallo abschließen, dann die obere Brötchenhälfte auflegen.

SCHON GEWUSST?

Caciocavallo ist ein halbfester Schnittkäse aus Kuhmilch, der in weiten Teilen Mittel- und Süditaliens produziert wird. Seine Form und seinen Namen (dt. „Pferdekäse") verdankt er der Tatsache, dass er zur Reifung und zum Transport aufgehängt wird, und zwar auf ähnliche Weise, wie man früher Satteltaschen über Pferderücken hängte.

Nr. 27

Leckere Panini lassen sich auch ganz ohne tierisches Eiweiß zubereiten. Zu der Kombination für diesen Belag bin ich auf einer Reise durch den Libanon angeregt worden, wo man die Verarbeitung von Hülsenfrüchten, Gewürzen und Gemüsen meisterlich beherrscht.

ORIENTALISCH

Mit Linsencreme, Zwiebel, Aubergine, Radieschen und Minze

x 1

BROT

Pitabrot

BELAG

getrocknete rote Linsen .... **50 g**
Aubergine **1/2**
Zwiebel **1/2**
Radieschen **2**
Lorbeerblatt **1**
natives Olivenöl extra,
Weißwein,
frische Minze,
Chilipulver,
Salz und frisch gemahlener Pfeffer

1. Die Linsen mindestens sechs Stunden in Wasser einweichen, anschließend mit dem zerkleinerten Lorbeerblatt weich kochen. Abgießen, dabei das Kochwasser auffangen, und abkühlen lassen. Die Linsen mit einem Schuss Öl, etwas Salz und so viel Kochwasser pürieren, dass eine cremige, keinesfalls zu flüssige Masse entsteht. Nach Belieben mit Chilipulver würzen.

2. Die Aubergine in 4–5 mm dicke Scheiben schneiden und auf dem Grill oder in einer Pfanne von beiden Seiten braten. Nach dem Garen salzen und mit Öl und zerriebenen Minzeblättern würzen.

3. Die Zwiebel in feine Ringe schneiden und in einer Pfanne mit etwas Öl anbraten. Mit einem Schuss Weißwein ablöschen und bei geringer Hitze und mit geschlossenem Deckel schmoren. Anschließend mit Salz und frisch gemahlenem Pfeffer würzen. Die Radieschen in 1 mm dünne Scheiben schneiden.

4. Das Pitabrot horizontal aufschneiden und erwärmen. Die Füllung wie folgt schichten: zuerst gegrillte Auberginenscheiben, dann Linsencreme, geschmorte Zwiebeln und schließlich die Radieschen. Mit Minzeblättern abschließen und die obere Brothälfte auflegen.

Nr. 28

Saucen und Dips sind für Panini einfach unentbehrlich.
Wenn man auf Mayonnaise oder Fertigsaucen verzichten möchte,
eignet sich gegarter Kürbis ganz hervorragend als cremige Zutat.

ASCHENPUTTEL

Mit Kürbis, Ziegenkäse,
gemischten Sprossen und Zitronenschale

x 1

BROT

Roggen-Sauerteigbrot

BELAG

Kürbisfruchtfleisch .... **100 g**
mittelalter
Ziegenschnittkäse .... **20 g**
Bio-Zitrone............................... **1/2**
gemischte Sprossen (z. B. Alfalfa, Radieschen, Weizengras),
geriebene Muskatnuss,
natives Olivenöl extra,
Salz

1. Das Kürbisfleisch in etwa 4 mm dicke Scheiben schneiden und diese in einer Pfanne braten, bis sie gar sind. Alternativ auf einem Blech im Ofen backen. Anschließend mit Salz, Öl und Muskatnuss würzen. Den Ziegenkäse in dünne Scheiben schneiden.

2. Zwei dicke Scheiben vom Brot abschneiden und toasten. Eine Brotscheibe wie folgt belegen: Zuerst die Hälfte der Kürbisscheiben, dann den Käse und schließlich den restlichen Kürbis. Mit Sprossen und Zitronenzesten abschließen und eine zweite Brotscheibe auflegen.

SCHON GEWUSST?

Kürbis wurde in Italien schon zu Zeiten der alten Römer angebaut, denn er gehörte zum Speiseplan der Legionäre. Die Früchte waren damals klein und hatten vergleichsweise wenig Fruchtfleisch. Mit der Einfuhr von Kürbis aus Amerika kam es zu Kreuzungen, sodass neue schmackhafte Sorten mit weniger Kernen entstanden.

Nr. 29

VEGETARISCH

Mit Aubergine, Tomate, Paprika und Hummus

x 1

BROT
Weizenbrotkranz

BELAG
Kugelaubergine **1**
Eiertomate **1**
gelbe Paprikaschote **1**
Kichererbsen aus der Dose .... **50 g**
Zitronensaft **1/2**
natives Olivenöl extra,
frisches Basilikum, Salz

1. Die Kichererbsen mit etwas Öl, einem Spritzer Zitronensaft und Salz pürieren. Nur so viel Sud aus der Dose zugeben, dass ein cremiger, nicht zu flüssiger Hummus entsteht.

2. Die Aubergine in 1 cm dicke Scheiben schneiden. Diese in einer Antihaft-Pfanne bei geringer Hitze braten und leicht salzen. Anschließend mit Öl beträufeln. Die Paprikaschote in feine Ringe, die Tomate in Scheiben schneiden.

3. Ein Stück des Kranzes herausschneiden, horizontal aufschneiden und toasten. Die untere Hälfte mit 1–2 Auberginenscheiben sowie einer Schicht Tomatenscheiben belegen. Einen Esslöffel Hummus, Paprikaringe und zum Schluss einige Basilikumblätter darauf verteilen. Mit Olivenöl beträufeln und die obere Brothälfte auflegen.

Nr. 30

SIZILIANISCH

Mit Fenchel, Oliven, Orange, Ragusano und Oregano

x 1

BROT
Mehrkornbrot

BELAG
Ragusano oder anderer Filata .... **30 g**
Fenchelknolle .... **40 g**
schwarze Oliven ohne Stein .... **10 g**
Orange **1**
natives Olivenöl extra,
gerebelter Oregano,
Salz

1. Den rohen Fenchel in Ringe hobeln. Salzen und mit Öl beträufeln. Die Orange sorgfältig schälen, quer in Scheiben schneiden und etwas salzen. Den Ragusano in 3–4 mm dicke Scheiben schneiden.

2. Das Brot in Scheiben schneiden und den Ragusano auf der unteren Brotscheibe verteilen. Das Ganze so toasten, dass der Käse weich, aber nicht flüssig wird.

3. Anschließend die Fenchel-Ringe, dann Orangenstücke, gehackte Oliven und schließlich etwas Oregano darauf verteilen. Mit einer zweiten Brotscheibe abschließen.

EIN GUTES PANINO BASIERT IMMER AUF EINFACHEN ZUTATEN UND DEM RESPEKTVOLLEN UMGANG MIT DEN LEBENSMITTELN.

Nr. 31

Frische Zutaten aus Süditalien spielen auch hier die Hauptrolle. Rübstiel (Stängelkohl) ist ein interessantes Gemüse: Je nach Erntezeitpunkt schwankt das Aroma zwischen mild-würzig und herb. Der Caciocavallo sollte daher nicht allzu reif sein.

AUS DEM SONNIGEN SÜDEN

Mit Caciocavallo, Stängelkohl, zarten Sprossen und Tomaten

x 1

BROT

Mehrkornbrot

BELAG

junger Caciocavallo .... **40 g**
Rübstiel, alternativ Mangold oder Sprossenbrokkoli........... **100 g**
rote Cocktailtomaten **3–4**
gelbe Cocktailtomaten............. **3–4**
Knoblauch .... **1 Zehe**
zarte Sprossen,
Weißwein,
natives Olivenöl extra,
Salz

1. Den Caciocavallo in dünne Scheiben schneiden, die Rinde eventuell entfernen. Den Rübstiel waschen und holzige Stängel entfernen, sodass nur noch die zarten Stängel, Blätter und Blütenstände übrig bleiben. Zarte Stängel und Blätter mit einem Messer zerkleinern, die Blütenstände unversehrt lassen, sofern sie nicht zu groß sind.

2. Etwas Öl in einer Pfanne erhitzen, die Knoblauchzehe zerdrücken und zusammen mit dem Rübstiel anbraten. Mit Weißwein oder Wasser (oder einer Mischung davon) ablöschen und mit geschlossenem Deckel garen. Am Ende mit Olivenöl und Salz würzen. Die Tomaten halbieren und mit Öl und Salz anmachen. Einige Minuten ziehen lassen.

3. Das Brot in Scheiben schneiden, dann toasten oder grillen und mit etwas Tomatendressing beträufeln. Auf die untere Scheibe zunächst Rübstiel und Käsescheiben schichten. Nach Belieben noch einmal kurz überbacken. Tomaten und Sprossen darauf verteilen und eine zweite Brotscheibe auflegen.

Nr. 32

Die Früchte der Nachtschattengewächse wie Paprika, Tomate und Aubergine lassen sich hervorragend mit Mozzarella und Filata kombinieren. Kapern sorgen für eine würzige Note und verleihen dem Panino einen unverwechselbar mediterranen Charakter.

MOZZARELLATRAUM

Mit Paprikaschoten, Mozzarella, gedünstetem Endiviensalat, Kapern und schwarzen Oliven

x 1

BROT

helles Mischbrot mit Leinsamen

BELAG

Mozzarella .... **100 g**
rote Paprikaschote.................... **1/4**
grüne Paprikaschote **1/4**
gelbe Paprikaschote **1/4**
Endiviensalat .... **20 g**
Kapern in Meersalz,
schwarze Oliven ohne Stein,
natives Olivenöl extra,
Weinessig,
Salz

1. Den Backofen auf 160 °C vorheizen. Die Paprikaschote in Alufolie wickeln und 40 Minuten im vorgeheizten Ofen garen. In der Folie abkühlen lassen, dann öffnen, die Haut abziehen und das Fruchtfleisch in Streifen schneiden. Die Kapern unter fließend kaltem Wasser gut abspülen, anschließend grob hacken. Die Oliven in feine Ringe schneiden. Die Paprikastreifen mit Öl, Salz und Kapern vermischen. Den Mozzarella in Scheiben schneiden. Öl in einer Pfanne erhitzen und die Endivienblätter bei geringer Hitze dünsten, zum Schluss mit einem Schuss Essig ablöschen.

2. Das Brot in etwa 1 cm dicke Scheiben schneiden und toasten. Die untere Scheibe zuerst mit den gedünsteten Endivienblättern, dann mit

SCHON GEWUSST?

Die Früchte der Nachtschattengewächse spielen in der Mittelmeerkost eine wichtige Rolle: Roh oder gekocht finden sie in zahlreichen Rezepten Verwendung. Die Kombination mit Olivenöl hilft bei der Aufnahme fettlöslicher Nährstoffe. Kaum zu glauben, dass sie bei ihrer Einfuhr aus Amerika zunächst als Zierpflanzen galten!

Nr. 33

Sauerkaut ist wegen seiner knackigen Konsistenz und seines Geschmacks eine interessante Zutat. Allerdings ist die durch Gärung entstehende Säure oft zu dominant. Stattdessen greife ich lieber auf einen guten Apfelessig oder einen weißen Aceto balsamico zurück.

TEDESCO

Mit Kartoffelpuffer, Rotkohl, Senf und gerösteten Erdnüssen

x 1

BROT

rundes Mehrkornbrötchen

BELAG

Kartoffel **1**
Rotkohl .... **50 g**
Senf .... **10 g**
geröstete Erdnusskerne .... **15 g**
natives Olivenöl extra,
Aceto bianco,
frisch geriebene Muskatnuss,
Salz

1. Die rohe Kartoffel schälen, in eine Schüssel raspeln und mit kalten Händen zu einem Puffer formen. Das Ganze sollte möglichst schnell gehen, bevor die Kartoffelraspel braun werden.

2. Olivenöl in einer beschichteten Pfanne erhitzen und den Kartoffelpuffer darin von beiden Seiten anbraten. Salzen und mit einer Prise Muskatnuss würzen.

3. Den Rotkohl fein hobeln. In einer Schale mit Salz, Essig und Öl anmachen. Die Erdnüsse grob hacken.

4. Das Brötchen aufschneiden und leicht toasten. Die untere Hälfte dünn mit Senf bestreichen und wie folgt schichten: zuerst etwas Rotkohl, dann den Puffer und schließlich den restlichen Rotkohl. Mit den gehackten Erdnüssen bestreuen. Die obere Hälfte des Brötchens ebenfalls dünn mit Senf bestreichen und auflegen.

Nr. 34

Dieses Panino erhält seinen besonderen Geschmack durch das Zusammenspiel der unterschiedlichen Texturen seiner Zutaten: weiche Bohnencreme, bissfeste Artischocke und knackige Karotte. Hinzu kommt frisches, warmes, duftendes Brot.

WILDER WESTEN

Mit Artischocke, Karotte, Bohnencreme und Minze

x 1

BROT

knuspriges Vollkornbrot

BELAG

Artischocke (romanesco) **1**
Karotte **1**
getrocknete
Borlotti-Bohnen .... **60 g**
Knoblauch .... **1 Zehe**
Minze .... **1 Zweig**
Lorbeerblatt **1**
Weißwein,
natives Olivenöl extra,
Salz und frisch gemahlener Pfeffer

1. Die Bohnen etwa zwölf Stunden oder besser über Nacht einweichen. Abgießen und anschließend mit dem zerkleinerten Lorbeerblatt in reichlich Wasser weichkochen. Die Bohnen abgießen – Kochwasser auffangen – und mit dem Stabmixer pürieren. Salz, etwas Olivenöl und so viel Kochwasser zugeben, dass eine glatte, nicht zu flüssige Creme entsteht. Am Ende durch ein feines Sieb passieren, um alle Schalenreste zu beseitigen.

2. Die äußeren Blätter der Artischocke entfernen, den Stiel kürzen und putzen. Dann die gesamte Blütenknospe zwischen den Blättern salzen. Etwas Olivenöl in einem hohen Topf erhitzen, den zuvor zerdrückten Knoblauch dazugeben und die Artischocke im Ganzen kopfüber hineinstellen. Mit etwas Weißwein übergießen und den Topf mit einem Deckel dicht verschließen, um einen Dampfeffekt zu erzeugen. Die Artischocke bei mittlerer Hitze bissfest garen. Nach dem Garen mit frisch gemahlenem Pfeffer würzen.

3. Die Artischocke samt Stiel halbieren. Die Karotte putzen und mit einem Sparschäler oder einem Gemüsespitzer breite Streifen abschneiden.

4. Das Brot in Scheiben schneiden und leicht toasten. Beide Scheiben mit Bohnencreme bestreichen. Auf einer Scheibe beide Artischockenhälften, Karottenbänder und einige Minzeblätter anrichten, dann die zweite Brotscheibe mit der Bohnencreme nach unten auflegen.

KÖSTLICH

Nr. 35

GEGRILLT

Mit Zucchini, Ricotta, Oliven und Cocktailtomaten

x 1

BROT
Sonnenblumenkernbrot

BELAG
Zucchini **1**
Ricotta .... **70 g**
schwarze Oliven ohne Stein **5–6**
Cocktailtomaten **5–6**
natives Olivenöl extra,
frische Thymianblättchen,
Salz

1. Die Zucchini mit einem Sparschäler längs in dünne Bänder schneiden. In einer Antihaft-Pfanne oder auf einem Backblech von beiden Seiten kurz braten oder grillen. Anschließend salzen und mit Öl beträufeln. Den Ricotta mit etwas Olivenöl und Salz glatt rühren. Die Oliven hacken. Die Tomaten halbieren und mit Olivenöl, Salz sowie frischem Thymian anmachen.

2. Das Brot in Scheiben schneiden und leicht toasten. Eine Scheibe großzügig mit Ricotta bestreichen, Zucchinistreifen, Oliven und Tomatenhälften darauf verteilen. Die zweite Brotscheibe auflegen.

Nr. 36

HOCHGENUSS

Mit Kürbis, Asiago und Zwiebel

x 1

BROT
Kaiser- oder Rosenbrötchen

BELAG
Kürbisfruchtfleisch (Butternut) .... **70 g**
Zwiebel **1**
Asiago oder vergleichbarer,
nicht zu reifer Kuhmilchkäse .... **40 g**
geröstete und gesalzene Mandeln,
natives Olivenöl extra, gemahlene Nelken,
Salz und frisch gemahlener Pfeffer

1. Den Backofen auf 180 °C vorheizen. Den Kürbis in 3–4 mm dicke Scheiben schneiden. Auf einem mit Backpapier ausgelegtem Backblech verteilen, salzen und mit Öl beträufeln. Im Ofen 10–15 Minuten backen. Der Kürbis bissfest sein. Etwas abkühlen lassen. Mit weiterem Öl beträufeln und mit gemahlenen Nelken würzen.

2. Die in feine Ringe geschnittene Zwiebel in einer Pfanne schmoren und nach dem Garen mit frisch gemahlenem Pfeffer würzen. Die Mandeln grob hacken und den Käse in Scheiben schneiden. Das Brötchen aufschneiden. Die untere Hälfte mit dem Käse belegen und zusammen mit der oberen Hälfte erwärmen. Einen Teil der Mandeln auf den Käse streuen, dann Kürbis und Zwiebel darauf verteilen. Die restlichen Mandeln darüberstreuen und die obere Hälfte des Brötchens auflegen.

BROT IST EINE DIE GRUNDLEGENDE ZUTAT, DIE GENAUSO SORGFÄLTIG AUSGEWÄHLT WERDEN SOLLTE WIE DER BELAG.

AUFSCHNITT

PANINI MIT ITALIENISCHEM AUFSCHNITT

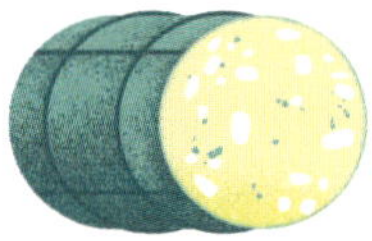  

AUFSCHNITT	**SCHINKEN & CO. – GEKOCHT** gekochter Hinter- und Vorderschinken, Arista (gegarter Schweinerücken), Salame rosa (Bierwurst), , Mortadella usw.	**SCHINKEN & CO - ROH** (mild oder würzig) San Daniele, Parma, di Modena, Culaccia, Culatello, Coppa	**GEWÜRZTE WURSTWAREN** (würzig) Bresaola, Tiroler Speck, Fenchelsalami, Toskana-Schinken, gereifte Coppa, Sopressa, Ciauscolo, usw.
WÜRZIG	reifer Käse, geröstete und gesalzene Mandeln, Käse mit Kräutern, Kapern oder Kapernfrüchte (Cucunci)	reifer Käse, geröstete und gesalzene Mandeln, Käse mit Kräutern, Oliven	
MILD/DELIKAT		Sauerkirschen, Aprikosenkompott ohne Zuckerzusatz, Feigen, Melone, Süßkirschen, Maronen, Mango	karamellierte Zwiebeln, Burrata, Avocado, Kürbis, Apfel, Honig, Mango
CREMIG	Mayonnaise, Ziegenfrischkäse, Weichkäse, Mozzarella, Topinambur, Pilze, Auberginen, milder Blauschimmelkäse	Mozzarella, Weichkäse, Aprikosen, Pfirsiche, Feigen, Burrata, Butter, Pilze, Auberginen, Weißfisch, Ei, sehr milder Blauschimmelkäse	karamellisierte Zwiebeln, Mozzarella, Burrata, Weichkäse, gegarte Kartoffeln, Avocado, Ziegenfrischkäse, Mayonnaise, Topinambur
FRISCH	Salat, Ananas, Zitronenschale	Salat, Meerrettich, Pfirsiche, Aprikosen, Feigen, Melone, Stangensellerie, Salbei, Mango	Salat, Zitronenschale, Minze, Petersilie, Estragon, Apfel, Rucola, Basilikum
KNACKIG	Eisbergsalat, Weißkohl, süßsauer eingelegtes Gemüse, geröstete Mandeln	Eisbergsalat, süßsauer eingelegtes Gemüse, geröstete Mandeln, Pfirsiche oder Nektarinen, geröstete Haselnusskerne, Stangensellerie, Brokkoli	rohe Zwiebel, Eisbergsalat, Rhabarber, Haselnusskerne
SCHARF	Senf, Meerrettich		Meerrettich, Rucola
SÄUERLICH	Mozzarella di bufala, Sauerkirschen, Ananas, süßsauer eingelegtes Gemüse	Mozzarella di bufala, Sauerkirschen, süßsauer eingelegtes Gemüse, Aprikosen, nicht zu reife Pfirsiche, Süßkirschen, Aceto balsamico	Süßsauer eingelegtes Gemüse, Mozzarella di bufala, Stracchino/Crescenza, Aceto balsamico
HERB	Radicchio, Spargel, Artischocke, Karde	Radicchio, Spargel, Artischocke, Oliven	Radicchio, Zitronenschale, Oliven, Artischocke

AUFSCHNITT	**WURSTWAREN MIT HOHEM FETTANTEIL** Pancetta, Lardo, Guanciale oder ähnliche Sorten von gereiftem fettem bzw. durchwachsenem Speck	**SCHARFE WURSTWAREN** (mit Paprika, Knoblauch, Pfeffer oder Chili gewürzt) Ventricina, Pezzenta, Capocollo Calabrese, Sopressata aus Kalabrien, 'Nduja
WÜRZIG	reifer Käse, Rindfleisch, Trüffel, Huhn, Kapern	gekochter Tintenfisch, Oliven
MILD/DELIKAT		Burrata, Weichkäse, Marmelade, karamellisierte Zwiebeln, gegarte Kartoffeln, Kürbis
CREMIG	Maronen, Honig, halbgetrocknete oder gebackene Tomaten, Birne, Dörrobst	Burrata, Weichkäse, Auberginen, gegarte Kartoffeln, Kürbis, Ei
FRISCH	Apfel, Tomaten, grüne Tomaten, grüne Paprikaschoten, Spitz- und Schmorpaprika (Friggitello), Rhabarber, Birne	Zitrusschale, Salat, Stangensellerie, Fenchel, Tomate, Rhabarber, Weißkohl, Minze, Küchenkräuter
KNACKIG	süßsauer eingelegtes Gemüse, Rhabarber, Karde, Dörrobst	Eisberg- oder Endiviensalat, Stangensellerie, frische Rote Beten, rohe Zwiebel, Rhabarber, Brokkoli, Weißkohl, Rosenkohl, geröstete Mandeln, geröstete Erdnusskerne
SCHARF		
SÄUERLICH	Weinessig, Aceto balsamico, süßsauer eingelegtes Gemüse, grüner Apfel	Zitrusfrüchte, Aceto balsamico
HERB	Radicchio, Kastanienhonig, Karde, Rübstiel	Zitrusschale, Radicchio, Oliven, Rübstiel

Nr. 37

Wer Panini zubereitet, muss sich früher oder später mit diesem Klassiker auseinandersetzen. Ein Tipp: Lesen Sie Woody Allens höchst amüsante Erzählung aus den 1970er-Jahren über die Entstehung des Clubsandwich.

CLUB SANDWICH 2.0

Mit Hinterschinken, Toma, Artischocken, Mayonnaise und Trüffelcreme

x 1

BROT

Kastenbrot mit Körnerkruste

BELAG

dünn aufgeschnittener Hinterschinken .... **100 g**
Toma piemontese oder Fontina.. .... **40 g**
Artischocken, in Öl eingelegt...... **2**
Stangensellerie .... **30 g**
Trüffelcreme.......... **10 g**
Mayonnaise .... **10 g**

1. Den Toma in dünne Scheiben schneiden, die Rinde nicht ganz entfernen. Die Artischocken und den Sellerie in Scheiben schneiden.

2. Drei Scheiben Brot leicht toasten. Eine Scheibe mit der Hälfte der Mayonnaise bestreichen, darauf die Hälfte des Prosciutto locker auflegen. Dann die Hälfte von Käse, Artischocken und Sellerie daraufschichten. Mit einem Teelöffel etwas Trüffelcreme darauf verteilen.

3. Die zweite Brotscheibe auflegen und diese auf dieselbe Weise belegen. Mit der dritten Brotscheibe abschließen.

SCHON GEWUSST?

Italienischer Hinterschinken wird aus der Schweinekeule gewonnen, gesalzen und schließlich bei niedriger Temperatur gegart. Das fertige Produkt ist bemerkenswert reich an Geschmack und Aroma. Es gibt aromatisierte Varianten mit Trüffelnote oder Raucharoma.

NEU
INTER-
PRETIERT

Nr. 38

SCHWIPS

Mit Hinterschinken, Steinpilz und Zwiebel in Weißwein

x 1

BROT

Kurkumabrötchen

BELAG

Hinterschinken .... **70 g**
mittelgroßer frischer Steinpilz **1**
Stangensellerie **1**
Zwiebel **1/4**
Mayonnaise .... **20 g**
Weißwein, natives Olivenöl extra,
Salz und frisch gemahlener Pfeffer

1. Den Steinpilz mit einem feuchten Tuch abreiben und in nicht zu dünne Scheiben schneiden. In einer beschichteten Pfanne etwas Öl erhitzen und die Pilzscheiben bei mittlerer Hitze braten. Herausnehmen.

2. Die Zwiebel in feine Ringe schneiden, in der gleichen Pfanne dünsten, mit Weißwein ablöschen und bei geschlossenem Deckel goldbraun schmoren. Mit Salz und Pfeffer würzen. Den Sellerie fein würfeln und mit etwas Öl und Salz anmachen.

3. Das Brötchen aufschneiden und toasten. Die untere Hälfte mit der Hälfte der Mayonnaise bestreichen und mit dem Schinken belegen. Pilz, Zwiebel und Selleriewürfel darauf verteilen, die obere Brötchenhälfte ebenfalls mit Mayonnaise bestreichen und auflegen.

Nr. 39

KAPERNSPASS

Mit Mortadella, Kapern, Tomaten und Honig

x 1

BROT

Ein Stück Baguette oder Ciabatta

BELAG

italienische Mortadella .... **70 g**
Cocktailtomaten **6–7**
Akazienhonig .... **1 TL**
Kapern in Meersalz,
Rohrzucker,
natives Olivenöl extra,
frische Thymianblättchen,
Salz

1. Den Backofen auf 120 °C vorheizen. Die Cocktailtomaten halbieren und mit der Schnittstelle nach oben auf ein mit Backpapier ausgelegtes Blech geben. Mit Salz, Zucker und Thymian bestreuen. Mit Öl beträufeln und etwa 2 Stunden im Ofen backen. Die Tomaten sollen kaum bräunen und nicht zu trocken werden. Die Kapern abspülen, hacken und mit den Tomaten und etwas Öl in einer Schüssel vermengen.

2. Das Brot aufschneiden und toasten. Die untere Hälfte zuerst mit Mortadella belegen, dann die Tomatenmischung darauf verteilen. Den Honig darüberträufeln. Die zweite Brothälfte auflegen.

EIN GUTES PANINO VERLANGT ZUTATEN VON HOHER QUALITÄT, DIE SORGFÄLTIG AUFEINANDER ABGESTIMMT SIND.

Nr. 40

Dieses Panino ist ebenso schlicht wie außergewöhnlich. Man hat das Gefühl, als würde jede Zutat ein wenig zurückweichen, um der anderen den Vortritt zu lassen. Viel Spaß beim Ausprobieren verschiedener Prosciutto- oder Culatello-Sorten.

FEIGE

Mit Parmaschinken, frischen Feigen und gerösteten Haselnusskernen

x 1

BROT

Mehrkornfocaccia

BELAG

Parmaschinken .... **80 g**
Butter .... **20 g**
frische Feige................................. **1**
geröstete Haselnusskerne

1. Die Feige waschen, dünn schälen und in feine Scheiben schneiden. Die Haselnusskerne möglichst fein hacken.

2. Die Focaccia aufschneiden und im Ofen oder in einer Antihaft-Pfanne rösten. Die Focaccia sollte knusprig, aber nicht trocken werden. Beide Focacciahälften mit Butter bestreichen.

3. Eine Focacciahälfte mit Parmaschinken- und Feigenscheiben belegen, die gehackten Haselnusskerne darauf verteilen und die obere Focacciahälfte auflegen.

SCHON GEWUSST?

Parmaschinken hat eine jahrhundertealte Tradition und die Verarbeitung von Schweinekeulen hat sich in der namensgebenden norditalienischen Provinz zu einer wahren Kunst entwickelt. Das besondere Klima in den Hügeln rund um Parma begünstigt die Reifung und Entstehung eines sehr milden und trotzdem geschmacksintensiven Prosciuttos.

SEHR
RAFFINIERT

Nr. 41

PRAGER APFEL

Mit Prager Schinken, Apfel, Emmentaler und Salat

x 1

BROT

Baguette

BELAG

Prager Schinken .... **70 g**
Emmentaler .... **30 g**
knackiger Apfel, z. B. Fuji **1**
körniger Dijon-Senf .... **2 TL**
Salatblätter

1. Den Prager Schinken und den Emmentaler in dünne Scheiben schneiden. Den Apfel waschen und mit Schale in sehr dünne Spalten oder Scheiben schneiden. Die Salatblätter waschen.

2. Das Baguettestück wie ein Brötchen aufschneiden und toasten. Die noch warme untere Hälfte mit dem Emmentaler belegen, sodass der Käse etwas erwärmt wird. Salatblätter, Schinken und Apfel darauf verteilen. Die obere Baguettehälfte mit dem Senf bestreichen und auflegen.

Nr. 42

MAILÄNDER ART

Mit Salami, Zwiebel, Rettichsprossen und Chips

x 1

BROT

Hamburgerbrötchen

BELAG

mittelfeine Salami, dünn aufgeschnitten .... **70 g**
Zwiebel **1**
Rettichsprossen .... **20 g**
körniger Senf .... **1 TL**
Rohrzucker .... **1 TL**
Kartoffelchips,
natives Olivenöl extra,
Weißwein,
Salz und frisch gemahlener Pfeffer

1. Die Zwiebel in feine Ringe schneiden. Etwas Öl in einer Pfanne erhitzen und die Zwiebel darin bei geringer Hitze bräunen. Während des Garens den Rohrzucker und eine Prise Salz dazugeben. Die Zwiebelringe mit Weißwein ablöschen und schmoren lassen, bis der Wein verdampft ist. Anschließend mit etwas Öl beträufeln und mit einer Prise Pfeffer würzen.

2. Das Brötchen aufschneiden und toasten. Beide Brötchenhälften mit Senf bestreichen. Auf die untere Hälfte Zwiebel, Salamischeiben, Rettichsprossen sowie einige Kartoffelchips schichten und die obere Brötchenhälfte auflegen. Die übrigen Chips dazu servieren.

RÖSTEN SIE DAS BROT VOR DEM BELEGEN IN EINER PFANNE, IM KONTAKTGRILL ODER UNTER DEM BACKOFENGRILL, SO WIRD ES SCHÖN KROSS.

Nr. 43

Dieses Panini kombiniert Produkte aus derselben Region: Tiroler Speck und Fontina liefern ein geschmackliches Bild der europäischen Alpen, das in jeder Hinsicht überzeugt. Radicchio und Rosinen verleihen dem Ganzen eine bittersüße Note.

TIROLER ART

Mit Tiroler Speck, Fontina, gedämpftem Radicchio und Rosinen

x 1

BROT

dunkles Roggenbrot

BELAG

Tiroler Speck .... **70 g**
Fontina .... **30 g**
Radicchio di Treviso .... **3 Blätter**
Chicorée **1/2**
Rosinen,
Rohrzucker,
Aceto bianco,
natives Olivenöl extra,
Salz

1. Den Tiroler Speck in feine Scheiben schneiden, das Fett nicht entfernen. Den Fontina in Scheiben in der Größe des Brots schneiden. Radicchio und Chicorée längs in Streifen schneiden und getrennt mit etwas Öl in einer Pfanne kurz anbraten. Die Textur sollte knackig bleiben. Nach dem Garen mit etwas Essig beträufeln und mit etwas Rohrzucker und Salz bestreuen.

2. Das Brot in Scheiben schneiden und toasten. Eine Brotscheibe sofort mit Fontina belegen und leicht überbacken, sodass der Käse gerade eben zerläuft. Rosinen, Gemüse sowie den Speck darauf verteilen und die zweite Brotscheibe auflegen.

SCHON GEWUSST?

Fontina ist ein Rohmilchkäse, der nur im Aostatal, einer Alpenregion in Norditalien, produziert wird. Er muss mindestens drei Monate reifen und wird jeweils aus nur einer Melkung hergestellt. Im gesamten Alpenraum, auch außerhalb Italiens, werden ähnliche Käsesorten hergestellt.

Nr. 44

Dieses Panino kann auch in der Bruschetta-Version, also ohne abschließende Brotscheibe serviert werden. Der Parmigiano reggiano sollte nicht zu reif sein, sonst wird die Konsistenz sehr trocken und der Geschmack möglicherweise zu intensiv.

BALSAMICO

Mit Lardo, Parmigiano, Spinat und Aceto balsamico

x 1

BROT

Mehrkornbrot

BELAG

gereifter Lardo (z. B. Lardo di Colonnata oder Lardo di Arnad) .... **50 g**
etwa 20 Monate gereifter Parmigiano reggiano .... **20 g**
frischer Spinat .... **30 g**
Aceto balsamico,
natives Olivenöl extra,
Salz

1. Den Lardo sehr dünn aufschneiden. Den Parmigiano mithilfe eines Kartoffelschälers oder eines Käsehobels in feine Späne schneiden. In einer beschichteten Pfanne Öl erhitzen und den gewaschenen und geputzten Spinat mitsamt den Stielen hineingeben. Die Pfanne gleich darauf vom Herd nehmen, den Spinat salzen, kurz umrühren und mit geschlossenem Deckel beiseitestellen. Der Spinat sollte gar, aber noch knackig sein.

2. Das Brot in 1 cm dicke Scheiben schneiden und leicht toasten. Auf der unteren Scheibe den Lardo verteilen und beides kurz unter den Backofengrill stellen. Der Speck sollte leicht transparent werden.

3. Den Spinat und den Parmigiano auf den Lardo geben und mit etwas Aceto balsamico beträufeln. Mit einer Brotscheibe bedecken. Nach Belieben eine weitere Lage hinzufügen.

SCHON GEWUSST?

Der berühmte Parmigiano Reggiano, der nur in fünf norditalienischen Provinzen produziert wird, hat dieser Region maßgeblich zum Ruf eines gastronomischen Paradieses verholfen. Die strengen Herstellungsvorschriften und die lange Lagerung machen seinen Charakter aus. Der Geschmack ist unvergleichlich.

Nr. 45

Dieses Panino punktet mit einer eher ungewöhnlichen Kombination. Die Avocado wird zu einer Guacamole verarbeitet und verleiht dem Ganzen eine cremige Konsistenz. Die Himbeeren bilden eine tolle geschmackliche und farbliche Ergänzung.

HARLEKIN

Mit Bresaola, mittelaltem Ziegenkäse, Avocado und Himbeeren

x 1

BROT

dunkles Roggenmischbrot mit Sonnenblumenkernen

BELAG

Bresaola .... **60–70 g**
mittelalter Ziegenschnittkäse .... **20 g**
reife Avocado **1**
reife Himbeeren,
Zitronensaft,
natives Olivenöl extra,
Koriandersamen,
Salz und frisch gemahlener Pfeffer

1. Den Ziegenkäse von der Rinde befreien und in nicht zu feine Scheiben schneiden. Die Koriandersamen im Mörser grob zerstoßen. Die Avocado schälen, klein schneiden und in eine Schale geben. Einen Schuss Olivenöl, Salz, eine Prise frisch gemahlenen Pfeffer, einige Tropfen Zitronensaft und Koriander zufügen. Das Avocadofruchtfleisch mit einer Gabel möglichst fein zerdrücken.

2. Das Brot in Scheiben schneiden und leicht toasten. Die untere Scheibe mit Avocadocreme bestreichen.

3. Die Bresaola darauf verteilen und mit ein wenig Olivenöl beträufeln. Die Käsescheiben und die halbierten Himbeeren darauflegen und mit der zweiten Brotscheibe abschließen.

Nr. 46

TEUFLISCH

Mit Parmaschinken, Burrata, Sardellen und grüner Tomate

x 1

BROT

Baguettebrötchen

BELAG

Parmaschinken .... **70 g**
Burrata .... **30 g**
Sardellenfilets in Öl **4**
grüne Tomate **1**
natives Olivenöl extra

1. Die Tomate in kleine Würfel schneiden und in einer kleinen Schüssel mit etwas Öl anmachen.

2. Das Brötchen aufschneiden und toasten. Die untere Hälfte mit dem Parmaschinken belegen und wie folgt schichten: zuerst in Stücke gezupften Burrata, dann Tomatenwürfel inklusive Dressing, schließlich die abgespülten und abgetropften Sardellenfilets. Die obere Brötchenhälfte auflegen.

Nr. 47

WELLENREITER

Mit Mortadella, Gemüse und Senfmayonnaise

x 1

BROT

rundes Weizenbrötchen, z. B. Fußball- oder Kaiserbrötchen

BELAG

italienische Mortadella .... **70–80 g**
grüne Paprikaschote **1**
grüne Tomate **1/2**
frische Basilikumblätter,
Mayonnaise 2:1 mit Senf verrührt,
natives Olivenöl extra,
Salz

1. Die Paprikaschote und die Tomate waschen und fein würfeln. In eine Schüssel geben und mit den zerzupften Basilikumblättern vermengen. Mit einer Prise Salz und einem Schuss Öl anmachen.

2. Das Brötchen aufschneiden und leicht toasten. Die untere Hälfte mit der Mortadella belegen, die Gemüsewürfel inklusive Dressing darauf verteilen und kleine Tupfen Senfmayonnaise aufsetzen. Das geht am besten mit zwei Teelöffeln oder einem Spritzbeutel. Die obere Brötchenhälfte auflegen.

DIE AUTHENTISCHEN ZUTATEN EINES GOURMET-PANINO UND SEINE SIMPLE ZUBEREITUNG MACHEN ES ZUM BOTSCHAFTER ITALIENISCHER LEBENSART.

Nr. 48

Dieses Panino habe ich meiner Leidenschaft für Kirschen zu verdanken. Damit es gelingt, sollte ein nicht zu milder luftgetrockneter Schinken verwendet werden. Besonders geeignet ist ein Schinken aus der Toskana, aber auch ein spanischer Schinken passt gut.

ZWEIERLEI

Mit Prosciutto crudo, Stracchino, Zucchini und Kirschen

x 1

BROT

knuspriges Weizenbrötchen

BELAG

gereifter toskanischer Schinken .... **70 g**
Stracchino/Crescenza .... **20 g**
kleine Zucchini **1**
Kirschen,
Maismehl,
natives Olivenöl extra,
Salz

1. Die Zucchini waschen und in etwa 2 mm dicke Scheiben schneiden. In eine Schüssel geben, salzen, mit etwas Olivenöl beträufeln und eine halbe Stunde ziehen lassen, damit sie Feuchtigkeit verliert. Die abgetropften Scheiben in Maismehl wenden. Eine kleine Pfanne 2 cm hoch mit Öl füllen, erhitzen und die Zucchinischeiben darin frittieren. Nach dem Frittieren die Zucchini eventuell nochmals salzen. Die Kirschen halbieren und entsteinen.

2. Das Brötchen aufschneiden und leicht toasten. Die untere Hälfte mit dem Stracchino belegen, dann Schinken, Zucchinischeiben und Kirschen daraufschichten. Die obere Brötchenhälfte auflegen.

SCHON GEWUSST?

Das Pökeln und die Lagerung der Schweinehinterkeule haben sich im Lauf der Jahrhunderte zu einer Kunst entwickelt, die von Generation zu Generation ausgefeilter wurde. Für die Herstellung spielt auch das regionale Klima eine Rolle. Vergleichen Sie etwa Schinken aus Italien, aus Spanien oder vom Balkan und schmecken Sie die Unterschiede heraus.

peace in your soul.
~Max Ehrmann poet

KÄSE

PANINI MIT KÄSE

KÄSE	**HART- UND SCHNITTKÄSE** (eher würzig) Parmigiano reggiano, Grana Padano, Pecorino, Pecorino Romano, Bitto, alter Asiago, u. a.	**WEICHKÄSE, FRISCHKÄSE, PASTA-FILATA-KÄSE** (eher mild) Caciotta, Crescenza, Mozzarella, Camembert, Burrata, u. a.	**WEISSSCHIMMEL- UND RÄUCHERKÄSE** (eher herb) geräucherter Ricotta,/Scamorza/Provola, Toma, Brie, u. a.
WÜRZIG		Schinken (roh oder gekocht), Bresaola, Tiroler Speck, Sardellenfilets, Kaviar und Fischrogen, Bottarga, Räucherfisch, Kapern	Mortadella, gekochter Schinken, Schweinebraten, frittiertes Gemüse
MILD/DELIKAT	Lardo, Pancetta, Aprikosen, frische Feigen, karamellisierte Feigen, gegarte Karotten, Bohnenpüree, Mortadella, Prosciutto cotto		gedünsteter Fenchel, karamellisierte Zwiebeln, karamellisierte Früchte, gebratener Kürbis, Erbsen
CREMIG	gegarte Zucchini/grüne Bohnen/Kartoffeln, Ei, Weißfisch, blanchierter Oktopus, gegarter Kürbis, gebratene Aubergine und Brokkoli, Mortadella	Roher Schinken, Mortadella, Trüffelsauce, gebratene Auberginen/Pilze, Feigen	Mortadella, gebratene Auberginen und Artischocken, Artischocken-, Erbsen-, Bohnenpüree, gedünsteter Chicorée und Rübstiel
FRISCH	frischer Fenchel, hauchdünne rohe Zucchinischeiben, Basilikum, rohe Karotten	frische Tomaten, Basilikum, Blattsalate, Zitrusschale, Salatgurken, frische Feigen, Erdbeeren	Radicchio, Basilikum, Endiviensalat, roher Fenchel, Salatgurken
KNACKIG	roher Fenchel, blanchierte grüne Bohnen, gegarter Brokkoli, Artischocken, geröstete Mandeln, Walnusskerne, rohe Karotten, Dicke Bohnen	Blattsalate, Salatgurken, rohe Artischocken, Paprikaschoten, frittiertes Gemüse	Radicchio, grüne Bohnen, Endiviensalat, roher Fenchel, rohe Zwiebel, Salatgurke, rohe Artischocken, frittiertes Gemüse
SCHARF		gemahlener Pfeffer, Peperoncino	rohe Zwiebeln, Peperoncino, Rucola, Knoblauch
SÄUERLICH	Aceto balsamico, Apfelessig, Aprikosen, frische Feigen	Tomaten, Aceto balsamico, Weinessig, süßsauer eingelegtes Gemüse	Aceto balsamico, Apfel
HERB	Spargel, Artischockenstücke, Rübstiel, dicke Bohnen	frische Pilze, Trüffel, Artischocken	

		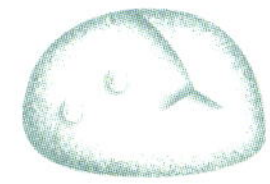
KÄSE	**BLAUSCHIMMELKÄSE** (eher herb) Gorgonzola, Blue Stilton, Roquefort, u a.	**EHER SÄUERLICHE KÄSE** Büffelkäse, Mozzarella di bufala, Robiola, Ziegenkäse, u. a.
WÜRZIG	Roher Schinken, Fleischwurst, Tiroler Speck, Rindfleisch	Roher Schinken, Salami, geräuchertes Fischfilet, Mortadella, Oliven, gebratenes Gemüse
MILD/DELIKAT	karamellisierte Zwiebeln, Sauerkirschkompott, Süßkirschen, karamellisierte Feigen, gegarter Kürbis, Blumenkohlpüree, Kartoffelpüree, gegarte Rote Beten, Trauben	gegarter Wirsing, Blumenkohlpüree, Kirschen, Waldbeeren, Erdbeeren, Feigen, Birnen
CREMIG	Mortadella, karamellisierte Zwiebeln, gegarter Spinat/Kürbis, Blumenkohlpüree, Kartoffelpüree	Mortadella, gegarter Wirsing, Erdbeer- und Aprikosenkonfitüre, gebratene Auberginen, Pilzcreme, gebratene Pilze
FRISCH	Sauer- und Süßkirschen, Waldbeeren, Aprikosen, frischer Spinat, Birne, Stangensellerie, Trauben, Rosmarin, Salbei	Basilikum, Salatgurke, Stangensellerie
KNACKIG	geröstete Haselnusskerne/Mandeln, rohe Zwiebel, roher Blumenkohl, Mangoldstiele, Stangensellerie	roher Blumenkohl, Aprikosen, geröstete Mandeln/Haselnuss-kerne, rohe Artischocken, Salatgurke, Nüsse, Stangensellerie
SCHARF		Oliven, Peperoncino, Rucola
SÄUERLICH	Sauerkirschen, Waldbeeren, frische Feigen, Aprikosen, Pfirsiche, Trauben	Süßkirschen, Waldbeeren, Erdbeeren, Aprikosen
HERB		Artischocken, frische Pilze, Oliven

Nr. 49

Dieses Panino ist Sommer pur! Es riecht und schmeckt nach Sommer und sieht auch so aus. Abgerundet wird es durch eine rauchige Käsenote. Am besten nehmen Sie einen Käse mit natürlichem Holzraucharoma.

TRE COLORI

Mit geräuchertem Scamorza, Paprikaschote, Gurke, Tomate und frischen Kräutern

x 1

BROT

Ciabattabrötchen

BELAG

geräucherter Scamorza .... **30 g**
feste Tomate **1**
rote Paprikaschote.................. **1/2**
gelbe Paprikaschote **1/2**
Gurke.. **1/4**
Basilikum,
Minze,
glatte Petersilie,
natives Olivenöl extra,
Salz

1. Das Gemüse putzen und in kleine Würfel schneiden. Mit Öl und Salz anmachen und in der Marinade ziehen lassen, bis es Saft zieht. Das Brötchen aufschneiden. Die Schnittflächen der Brötchen mit dem Saft beträufeln und 15 Minuten ziehen lassen, damit die Feuchtigkeit sich gleichmäßig verteilt.

2. Den Käse in Streifen schneiden und wenige Sekunden bei hoher Temperatur in einer beschichteten Pfanne weich werden lassen.

3. Die untere Brötchenhälfte mit dem marinierten Gemüse und dem noch warmen, Fäden ziehenden Scamorza belegen. Die Kräuter hacken und darüberstreuen. Die obere Brötchenhälfte auflegen.

SCHON GEWUSST?

Geräucherter Scamorza ist ein halbfester Filata, der in ganz Süditalien verbreitet ist. Die Verbindung aus Raucharoma und mildem Käse verleiht ihm seine individuelle, interessante Note. Er eignet sich zum Erhitzen, weil sich Duft und Cremigkeit dann voll entfalten können.

Nr. 50

Magerer Tiroler Speck und Ziegenkäse passen hervorragend zusammen, vor allem, wenn noch Pflaumen mitmischen. Bûche de chèvre ist eine ausgezeichnete Wahl, weil er den Geschmack von reifem Speck aus bäuerlicher Herstellung unterstreicht.

RAFFINIERT 2.0

Mit Bûche de chèvre, Dörrpflaumen, Tiroler Speck und Basilikum

x 1

BROT

Laugenbrötchen

BELAG

Südtiroler oder anderer magerer Schinkenspeck .... **70 g**

Bûche de chèvre oder anderer Ziegenweichkäse .... **40 g**

Dörrpflaume ohne Stein **1**

blanchierte, geröstete Mandeln .... **10 g**

Basilikum- und Minzeblätter

1. Den Speck mit der Schneidemaschine so dünn wie möglich aufschneiden. Den Ziegenkäse in 2 mm dicke Scheiben schneiden. Die Dörrpflaume grob hacken.

2. Das Brötchen aufschneiden und toasten. Die untere Brötchenhälfte mit Käse und Speck belegen. Die gehackte Dörrpflaume darauf verteilen. Mit den klein gezupften Basilikum- und Minzeblättchen sowie den grob gehackten Mandeln bestreuen. Nicht zu viele frische Kräuter verwenden, sie überlagern sonst den Geschmack der übrigen Zutaten – zwei oder drei Blättchen von jeder Sorte genügen schon. Die obere Brötchenhälfte auflegen.

SCHON GEWUSST?

Basilikum kam über das Mittelmeer und die Seidenstraße nach Europa. Es ist nicht nur in Italien ein wichtiges Küchenkraut und es gibt zahlreiche Sorten. Manche schmecken leicht nach Minze, andere nach Zitrone oder sogar nach Lakritz. In den küstennahen Regionen Liguriens sind die Wachtumsbedingungen für Basilikum optimal.

DUFT DER
BERGE

Nr. 51

Mit dem Frühjahr kommt für mich die Zeit der Frühlingszwiebeln. Sie passen hervorragend zu Tomaten und vielem mehr. Verwenden Sie ruhig auch den grünen Teil. Meines Erachtens schmeckt dieser viel interessanter als die weiße Knolle am Ende.

LANDLEBEN

Mit Brie, Zucchini, Tomaten und Frühlingszwiebeln

x 1

BROT

Vollkornbaguettebrötchen

BELAG

Ziegenweichkäse .... **50 g**
helle Zucchini **1**
Cocktailtomaten **4–5**
Frühlingszwiebel **1**
natives Olivenöl extra,
Aceto bianco,
Rohrzucker,
frische Thymianblättchen,
Salz und frisch gemahlener Pfeffer

1. Den Backofen auf 120 °C vorheizen. Die Cocktailtomaten halbieren und mit der Schnittfläche nach oben auf ein Backblech legen. Mit Salz und Zucker bestreuen. Thymianblätter darüberstreuen und mit etwas Öl beträufeln. 2 Stunden im Ofen backen.

2. Die Frühlingszwiebel längs halbieren, dabei auch den grünen Teil verwenden. In einer Pfanne kräftig anbraten, dann grob hacken und mit Öl, Salz und Pfeffer anmachen.

3. Die Zucchini mit einem Sparschäler oder einem Gemüsespitzer in sehr dünne Bänder schneiden und mit Salz, Öl und Essig anmachen. Den Käse in 3–4 mm dicke Scheiben schneiden.

4. Das Brötchen aufschneiden und toasten. Den Belag in dieser Reihenfolge auf die untere Brötchenhälfte schichten: zuerst die Zucchinibänder, dann Käse und die gebackenen Tomaten, schließlich die Frühlingszwiebel. Die obere Brötchenhälfte auflegen.

Nr. 52

Der salzige, rauchige Geschmack der Heringe macht sie zum idealen Begleiter milder Käsesorten, die sogar noch weicher sein dürfen als der Emmentaler in diesem Rezept. Die Rosinen könnte man vorher auch noch in Alkohol wie Wein oder Grappa einlegen.

NORDLICHT

Mit Emmentaler, geräuchertem Heringsfilet, Radicchio und Rosinen

x 1

BROT

Kornbeißer

BELAG

Heringsfilet .... **70 g**
3 Monate alter Emmentaler ... **30 g**
Radicchio und Chicorée .... **30 g**
Rosinen .... **15 g**
natives Olivenöl extra,
Apfelessig,
Dijon-Senf,
Zucker,
Salz

1. Das Heringsfilet etwa 20 Stunden in einer Trockenmarinade aus Salz und Zucker (etwa im Verhältnis 70:30) ziehen lassen. Anschließend im Räucherofen leicht räuchern. Alternativ können Sie auch bereits geräucherte Heringsfilets kaufen.

2. Radicchio und Chicorée putzen, dabei den Strunk von den Blättern trennen. Den Strunk sorgfältig säubern, einige Minuten blanchieren und mit Salz und Öl zu einer cremigen Masse verrühren. Die Blätter sorgfältig waschen und abtupfen, dann mit Salz und Apfelessig anmachen. Den Emmentaler in dünne Scheiben schneiden

3. Das Brötchen aufschneiden. Die untere Hälfte mit den Käsescheiben belegen und zusammen erwärmen. Die gewürzten Salatblätter und den Fisch darauf verteilen.

4. Den Hering mit der Radicchio-Chicorée-Creme bestreichen und mit Rosinen bestreuen. Die Schnittfläche der oberen Brötchenhälfte dünn mit Senf bestreichen und auflegen.

Nr. 53

Ein milder, sahniger Gorgonzola ist hier definitiv am besten geeignet. Bei diesem Panino spielt er den strahlenden Helden, die übrigen Zutaten sind nur Statisten. Die Zutatenmengen müssen entsprechend beachtet werden.

ZOLA

Mit Gorgonzola, Schmorzwiebeln, Bratkartoffeln und Kastanienhonig

x 1

BROT

dunkles Kastenbrot mit Nüssen

BELAG

Gorgonzola .... **60 g**
Kartoffel **1**
Zwiebel **1/2**
Kastanienhonig .... **1 TL**
geröstete, gesalzene Mandeln,
Dessertwein, z. B. Porto,
natives Olivenöl extra,
Butter,
frischer Salbei,
Salz und frisch gemahlener Pfeffer

1. Die Kartoffel schälen und in dünne Scheiben schneiden. Butter in einer beschichteten Pfanne stark erhitzen und die Kartoffelscheiben darin braten. Mit Salz und Pfeffer würzen.

2. Die Zwiebel in Ringe schneiden, mit wenig Öl und einigen zerzupften Salbeiblättern in der Pfanne braten. Salzen, dann großzügig mit dem Dessertwein ablöschen. Die Mandeln grob hacken.

3. Zwei Brotscheiben toasten. Die untere Brotscheibe mit dem Gorgonzola bestreichen, dann mit den Kartoffelscheiben und den Zwiebelringen belegen. Den Honig darüberträufeln und mit den Mandeln bestreuen. Die zweite Brotscheibe auflegen.

Nr. 54

Die Zutaten muten bescheiden an, aber nur auf den ersten Blick. Die gebratenen Auberginen sind ein echter Leckerbissen, die grünen Bohnen werden durch geröstete Sesamsaat geadelt, und die Mozzarellacreme verleiht dem Ganzen eine herrliche Frische.

BAUERNGARTEN

Mit Mozzarella di bufala, Tomate, Aubergine und grünen Bohnen

x 1

BROT

dünner Brotfladen, z. B. Dürüm, Wrap oder Tortilla

BELAG

Mozzarella di bufala................**80 g**
Aubergine.................................**1/2**
Fleischtomaten.............................**1**
zarte grüne Bohnen................**30 g**
Sesamsaat..................................**5 g**
Sahne oder Schmand.............**2 EL**
natives Olivenöl extra,
getrockneter Oregano,
Salz

1. Mozzarella, Sahne und etwas Öl in einer kleinen Schüssel mit der Gabel zerdrücken, sodass eine leicht stückige Creme entsteht. Mit Salz abschmecken.

2. Die Tomate in 3–4 mm dicke Scheiben schneiden, mit Oregano bestreuen und mit Öl beträufeln. Die Aubergine mit dem Sparschäler schälen (die Schalen aufbewahren) und in Scheiben schneiden. Die Scheiben nebeneinander auf ein Brett legen, mit Salz und Öl einreiben und nach Belieben mit ein wenig gehackter Petersilie bestreuen. Die Scheiben und die Schalenstreifen in Olivenöl braten, dann salzen.

3. Die gewaschenen und geputzten Bohnen in Salzwasser kochen, abkühlen lassen und mit Salz und Öl anmachen. Die Sesamsaat bei geringer Temperatur in einer Pfanne ohne Fett trocken rösten, bis sie hellbraun wird. Achtung, sie brennt leicht an.

4. Den Brotfladen leicht erwärmen und vierteln. Ein Fladenviertel wie folgt mit jeweils der Hälfte der Zutaten belegen: zuerst Auberginenscheiben, dann Tomatenscheiben, Mozzarellacreme, gebratene Bohnen, Sesam und Auberginenschalen. Ein weiteres Fladenviertel auflegen. Die übrigen Zutaten auf dieselbe Weise zusammenstellen.

SOMMER
TRAUM

Nr. 55

Die Auberginencreme erinnert an das orientalische Baba Ghanoush.
Dieses Panino spielt mit den Düften und der Raffinesse der orientalischen Küche.
Der Pecorino-Käse verleiht ihm Textur und eine kräftige Note.

RÖMISCH

Mit Pecorino Romano, Tomate, Spinat und Aubergine

x 1

BROT

Foccaccia mit Olivenöl

BELAG

Pecorino Romano .... **30 g**
Babyspinat .... **20 g**
Aubergine **1**
Fleischtomate **1**
Knoblauch .... **1 Zehe**
natives Olivenöl extra,
frischer Majoran,
frisches Basilikum,
Salz

1. Den Backofen auf 180 °C aufheizen. Die ganze Aubergine rundum einstechen und mindestens 30 Minuten im Ofen garen, bis sie weich ist und die Haut an manchen Stellen schwarz wird. Etwas abkühlen lassen, die Aubergine längs halbieren und das Fruchtfleisch mit einem kleinen Löffel herausschaben. In einer Schüssel Fruchtfleisch, zerdrückte Knoblauchzehe, Salz und Öl mit einer Gabel zu einer cremigen Masse verrühren.

2. Die Tomate in 3–4 mm dicke Scheiben schneiden und mit etwas Öl sowie klein gezupften Majoran- und Basilikumblättchen vermengen. Den Pecorino Romano grob hobeln. Die Spinatblätter waschen und trockenschleudern.

3. Die Foccacia aufschneiden und leicht toasten. Sie sollte außen knusprig und innen weich sein. Den Spinat auf der unteren Brothälfte verteilen. Mit den gewürzten Tomatenscheiben belegen, großzügig mit der Auberginencreme bestreichen und mit dem gehobelten Pecorino bestreuen. Die zweite Foccacciahälfte auflegen.

SCHON GEWUSST?

Pecorino Romano ist ein typisches Produkt der Region Latium, in der seit jeher Schafe gezüchtet werden. Durch seinen kräftigen, herzhaften Geschmack kann er zahlreichen milden Gemüsesorten mehr Charakter verleihen. Er gehört zu den meistexportierten italienischen Käsesorten.

Nr. 56

Eine Nusscreme kann einem guten Ricotta einen ganz neuen Touch verleihen. Das insgesamt milde Aroma dieser Rezeptzutaten wird durch das Salz ausgeglichen. Allerdings darf man es nur behutsam dosieren. Das Brot sollte schön knusprig sein.

NUSSVARIATION

Mit Ricotta, Pistazien, Haselnüssen, Mandeln und Salzflocken

x 1

BROT

Dinkelbrot

BELAG

Ricotta aus Schafsmilch .... **70 g**
Pistazienmus .... **1 TL**
Haselnussmus.......................... **1 TL**
Akazienhonig .... **1 TL**
blanchierte, geröstete Mandeln,
Salzflocken

1. Ricotta und Akazienhonig in einer kleinen Schüssel zu einer cremigen Masse verrühren. Die (zuckerfreien) Nussmuse behutsam im Wasserbad erwärmen, bis sie recht flüssig sind. Die Mandeln grob hacken.

2. Das Brot in zwei 1 cm dicke Scheiben schneiden und knusprig toasten. Eine Scheibe mit der Ricottamasse bestreichen, dann mit Nussmus beträufeln. Mit gehackten Mandeln und ein paar Salzflocken bestreuen. Achtung: Die Salzflocken dürfen nicht zu dicht liegen, sonst dominieren sie den Geschmack. Die zweite Brotscheibe auflegen.

SCHON GEWUSST?

Salz gilt als gesundheitsschädlich, das ist allerdings eine Frage der Menge. Der Körper braucht Salz, weil er es nicht selbst herstellen kann. Darum spricht nichts dagegen, sparsam mit hochwertigem Salz zu würzen. Meersalzflocken haben einen besonders milden Geschmack und verleihen dank ihrer Konsistenz vielen Gerichten das besondere Etwas.

Nr. 57

Die Zubereitung eines »Pfannkuchens« aus Kichererbsenmehl verlangt ein wenig Übung – nur mit der richtigen Dicke und Herdtemperatur erhält er die perfekte Textur. Verwenden Sie unbedingt Apfelessig, er verleiht dem Radicchio einen feinen Fruchtgeschmack.

LUFTIKUS

Mit Gouda, Radicchio und Kichererbsenpfannkuchen

x 1

BROT

Ciabatta

BELAG

holländischer Gouda .... **30 g**
Radicchio .... **30 g**
Kichererbsenmehl .... **100 g**
Apfelessig,
natives Olivenöl extra,
Salz

1. Das Kichererbsenmehl mit etwas Öl und Salz in eine Schüssel geben und mit so viel Wasser verrühren, dass ein recht flüssiger Teig entsteht, in der Konsistenz ähnlich wie Crêpeteig. In einer beschichteten Pfanne etwas Öl erhitzen, den Teig hineingießen, mit einem Crêpeschaber oder einem Kochlöffel gleichmäßig verteilen und bei niedriger Temperatur stocken lassen. Wenden, wenn die Unterseite hellbraun ist. Der Pfannendurchmesser sollte so gewählt werden, dass der Pfannkuchen nicht zu dick wird.

2. Den Radicchio waschen und in breite Streifen schneiden. Mit etwas Öl in der Pfanne anbraten, mit Apfelessig ablöschen, fertig dünsten, dann salzen. Den Gouda in dünne Scheiben schneiden oder hobeln.

3. Das Brot aufschneiden. Die untere Hälfte mit dem Käse belegen und beides zusammen erwärmen. Den Pfannkuchen auf den Käse legen und den Radicchio darauf verteilen. Dann die obere Brothälfte auflegen.

SCHON GEWUSST?

Gouda ist ein typisch niederländischer Käse aus vollfetter Kuhmilch – und wohl der berühmteste Schnittkäse überhaupt. In Nordholland wird schon seit Jahrhunderten Milch in Käse verwandelt und jede lokale Spezialität erhält einen eigenen Namen. Es gibt jungen, mittelalten, alten und uralten, über 30 Monate gereiften Gouda.

Nr. 58

Ein Panino, das – obwohl ohne Fisch – nach Mittelmeer riecht und schmeckt. Das Beispiel zeigt, dass die mediterrane Küche nicht nur vom Meer geprägt ist, sondern ebenso von vorzüglichen Agrar- und Käsereiprodukten sowie den aromatischen Kräutern der Region.

GRIECHISCH

Mit Artischocken, Feta,
schwarzen Oliven und Zitrone

x 1

BROT
Toskanisches Weißbrot

BELAG
Feta .... **30 g**
Artischocken **2**
schwarze Oliven ohne Stein **4–5**
Knoblauch .... **1 Zehe**
vegane Mayonnaise .... **30 g**
geräuchertes Olivenöl,
Zitronensaft,
Salz und frisch gemahlener Pfeffer

1. Die äußeren Artischockenblätter bis zum Herz entfernen, die Herzen längs halbieren und das Stroh entfernen. Die Hälften in dünne Stifte schneiden, mit dem Öl, ein paar Tropfen Zitronensaft, Salz und einer Prise Pfeffer anmachen. Etwa 1 Stunde marinieren. Die Oliven hacken und den Feta grob zerkrümeln.

2. Etwa 1 cm dicke Brotscheiben abschneiden und kräftig toasten. Beide Scheiben auf jeweils einer Seite mit der geschälten und halbierten Knoblauchzehe einreiben, dann mit der Mayonnaise bestreichen. Auf einer Brotscheibe die gewürzten Artischockenstifte verteilen und diese mit Feta und Oliven bestreuen. Die zweite Brotscheibe auflegen.

SCHON GEWUSST?

Oliven und Olivenbäume sind aus dem Mittelmeerraum nicht wegzudenken. Sie prägen die Landschaft und die Küche der Region gleichermaßen. Es gibt unzählige Sorten, deren jeweils eigene optische und geschmackliche Ausprägung charakteristisch für den jeweiligen Landstrich ist.

Nr. 59

Käse sollte nur schwach erhitzt werden, weil er sonst seinen charakteristischen Geschmack verliert. Dieses Panino bildet allerdings eine Ausnahme von der Regel. Der milde fetthaltige Caciotta wird durch das Erhitzen wunderbar cremig.

KNUSPERFISCH

Mit Caciotta, gebratenen Sardinen und Brokkoli

x 1

BROT

Roggenmischbrötchen

BELAG

Caciotta oder anderer milder halbfester Schnittkäse .... **30 g**

kleine Brokkoliröschen .... **30 g**

frische küchenfertige Sardinen **2–3**

Maismehl,
natives Olivenöl extra,
Weißwein,
Salz

1. Die Brokkoliröschen in einer Pfanne mit etwas Öl bei mittlerer Temperatur braten, mit Weißwein ablöschen und dann dünsten, bis sie gar, aber noch bissfest sind. Anschließend salzen.

2. Die Sardinen rundum mit Öl bestreichen, dann in Maismehl wenden und in reichlich Öl braten. Anschließend salzen. Den Käse in Scheiben schneiden.

3. Das Brötchen aufschneiden und toasten. Die Käsescheiben auf der unteren Brötchenhälfte verteilen und beides zusammen erwärmen. Mit den Brokkoliröschen und den gebratenen Sardinen belegen. Die obere Brötchenhälfte auflegen.

SCHON GEWUSST?

Sardinen sind sehr gute Speisefische. Sie leben im offenen Gewässer im nordöstlichen Atlantik und haben ein feines, zartes Fleisch. In Portugal stehen sie häufig auf dem Speiseplan, meist gegrillt, aber sie sind im gesamten Mittelmeerraum beliebt. In Venedig sind sie süßsauer mariniert eine Spezialität.

OBST

PANINI MIT FRÜCHTEN

OBST	HIMBEEREN, ERDBEEREN	PFIRSICH, MANGO, APRIKOSEN	BIRNE, APFEL
WÜRZIG	Bresaola, Weißschimmelkäse, Bergkäse, Rindfleisch	Roher Schinken, Salami, Rahmfrischkäse, reifer Gorgonzola, Weißfisch, Schweinebraten, reifer Ziegenkäse, Bresaola	Mortadella, Schafskäse, Parmigiano Reggiano, Grana Padano, Pancetta, Schweinefleisch, geröstete, gesalzene Erdnusskerne
MILD/DELIKAT	Schokolade	Burrata, Ricotta, Schokolade, gebackene Tomaten, Krustentiere	Fontina, Schokolade, gegarte Karotten, Frischkäse, Vanille, Kürbis
CREMIG	Ziegenkäse, Camembert, Mozzarella Fiordilatte, Ricotta	Burrata, Ricotta, Gorgonzola, gebackene Tomaten, Weißfisch, Ziegenfrischkäse, Käse aus Büffelmilch	Mortadella, Fontina, Leberpastete, Gorgonzola, Frischkäse, Kürbis
FRISCH	Basilikum, Minze, Stangensellerie, Zitrusschale	Kümmel, Rosmarin, roher Rhabarber	Weißkohl, geriebene Muskatnuss, Zimt, Gewürznelken, Meerrettich, Kümmel, gemahlener Koriander
KNACKIG	geröstete Mandeln	geröstete Mandel- und Haselnusskerne, roher Rhabarber	geröstete Haselnuss-, Erdnuss- und Mandelkerne, Walnusskerne, Weißkohl, rohe Karotten
SCHARF	Rucola	Rucola, reifer Gorgonzola, Peperoncino, rosa Pfefferbeeren, weißer Pfeffer, Kümmel	reifer Schafskäse, frisch geriebene Muskatnuss, Pfeffer, Meerettich, reifer Gorgonzola, Kümmel
SÄUERLICH	Aceto balsamico		
HERB	dunkle Schokolade, Chicorée	dunkle Schokolade	dunkle Schokolade, Radicchio, Radicchio di Treviso

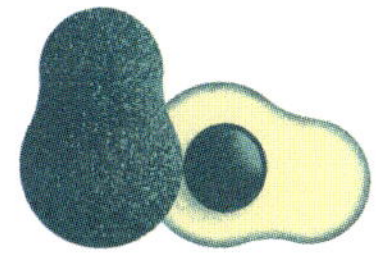

OBST	HEIDELBEEREN	SAUER- UND SÜSSKIRSCHEN	AVOCADO (kein Obst im üblichen Sinne, aber ein Fruchtgemüse)
WÜRZIG	Bresaola, Rinderschinken, gepökeltes Fleisch, Brühwürstchen, Primo Sale, Rahmfrischkäse, Bergkäse	Schinken (roh und gekocht), Bresaola, gebratenes Gemüse, Räucherfisch, Parmigiano Reggiano, Grana Padano, Ziegenkäse	Hähnchenfleisch, Sardellenfilets, Nussschinken, Schafskäse, Feta, Rahmfrischkäse, Pancetta, Frühstücksspeck
MILD/DELIKAT	Fontina, Emmentaler, Vanille, Apfel, weiße Schokolade, Ricotta, Frischkäse	Ricotta, Frischkäse	Erdbeeren, Himbeeren
CREMIG	Ziegenfrischkäse, Gorgonzola, Fontina, Emmentaler, Ricotta, Frischkäse, Pilze	Schinken (roh und gekocht), Frischkäse, Ziegenfrischkäse, Gorgonzola, Ricotta	Erdbeeren, Himbeeren, Ziegenfrischkäse
FRISCH	Koriander, Apfel, Stangensellerie	Salbei	Zitronen- und Limettenschale, Tomaten, Pfeffer, natives Olivenöl extra, Blattsalate
KNACKIG	geröstete Mandeln, Stangensellerie	frittiertes Gemüse, geröstete Haselnusskerne, kerne	Blattsalate
SCHARF	reifer Gorgonzola	reifer Gorgonzola	Pfeffer, reifer Schafskäse, frischer Peperoncino
SÄUERLICH		Aceto balsamico	natives Olivenöl extra
HERB	Pilze		Zitronen, Limetten, Kaffee

Nr. 60

Wer sagt denn, dass Panini keinen süßen Belag haben dürfen? Bei diesem hier beispielsweise ergänzen sich süße und salzige Noten. Das grobkörnige Salz kitzelt den Gaumen und beflügelt die Geschmacksknospen.

SCHOKOCAFFÉ

Mit Ricotta, dunkler Schokolade, Himbeeren, Heidelbeeren und Espresso

x 1

BROT
Milchbrötchen

BELAG
Ricotta ... **70 g**
Schokolade mit
70 % Kakaoanteil ... **30 g**
Rohrzucker ... **1 TL**
Heidel- und Himbeeren,
Espressopulver,
grobkörniges Salz oder Salzflocken

1. Die Schokolade mit dem Sparschäler hobeln oder mit einem großen Messer grob hacken. Den Ricotta mit der Schokolade und dem Zucker vermengen. Die Beeren längs halbieren.

2. Das Brötchen aufschneiden und leicht toasten. Die untere Brötchenhälfte mit dem Schokoladenricotta bestreichen und mit ein wenig Salz bestreuen. Die Beeren darauf verteilen und das Ganze mit Espressopulver bestäuben. Die obere Brötchenhälfte auflegen.

SCHON GEWUSST?

Die Idee, aus Kakao Schokolade herzustellen, kam mit den Spaniern aus der Neuen Welt nach Italien. Im 17. und 18. Jahrhundert wurde die Kunst der Schokoladenherstellung am Hofe verfeinert. Dank der speziellen Herstellungstechniken und raffinierten Kakaoauswahl wurde Schokolade zu einem exquisiten italienischen Produkt.

ZUM KAFFEE

Nr. 61

Dies ist eines der ungewöhnlichsten Panini in diesem Buch. Die Idee dazu entstand in Brasilien bei einer Pizza mit Salami und Ananas. Die Ananas muss dafür allerdings wirklich reif sein. Zur Probe muss sich ein Ananasblatt einfach aus der Mitte herauszupfen lassen.

TROPICALE

Mit Ananas, Speck,
Petersilie und Cashews

x 1

BROT

Mehrkornbrötchen mit Hafer

BELAG

Tiroler Speck .... **80 g**
Ananasscheibe, 2 mm dick **1**
Cashewkerne **5–6**
Marsala oder anderer
Dessertwein,
glatte Petersilie,
Salz

1. Den Speck in sehr dünne Scheiben schneiden. Die Ananasscheibe in einer Pfanne von beiden Seiten braten, leicht salzen und mit Marsala ablöschen. Anschließend in Streifen schneiden, um sie besser auf dem Brötchen verteilen zu können.

2. Ein paar Petersilienblätter abzupfen, waschen, sorgfältig trocknen und grob hacken. Die Cashewkerne ebenfalls grob hacken.

3. Das Brötchen aufschneiden und toasten. Die Ananasstreifen auf der unteren Brötchenhälfte verteilen. Den Speck locker darauflegen und mit der Petersilie und den Cashewkernen bestreuen. Die zweite Brötchenhälfte auflegen.

SCHON GEWUSST?

Speck gehört zu den typischen Produkten Tirols, auf italienischer wie auf österreichischer Seite. Anders als bei anderem Speck wird vor dem Reifeprozess der Knochen entfernt, zudem wird der Speck nicht nur gepökelt, sondern auch geräuchert und erhält so seinen einzigartigen, kräftigen Geschmack.

Nr. 62

Borretsch, auch Gurkenkraut genannt, ist eine Pflanze mit dicken Blättern, die sich sehr gut zum Braten eignen. Als Alternative eignen sich junge Salbeiblätter. An diesem Panini wird deutlich, welche große Rolle die Jahreszeit bei der Rezeptwahl spielt.

ERDBEERMUND

Mit Erdbeeren, Robiola, Borretsch und Mandeln

x 1

BROT

Weißbrot mit wenigen Saaten, Rinde abgeschnitten

BELAG

Robiola .... **60 g**
Borretschblätter **1–2**
Erdbeeren,
blanchierte, geröstete Mandeln,
Aceto balsamico,
natives Olivenöl extra,
Salz

1. Die Erdbeeren waschen, putzen und längs in 2–3 mm dicke Scheiben schneiden. Die Borretschblätter waschen, gut abtrocknen und in einer Pfanne in Öl ausbacken. Auf Küchenpapier abtropfen lassen und salzen. Die Mandeln hacken.

2. Zwei Brotscheiben abschneiden und toasten. Auf einer Scheibe den Ziegenkäse verstreichen und die Erdbeeren mit den Borretschblätter darauf verteilen. Mit den Mandeln bestreuen und mit Olivenöl beträufeln. Die zweite Brotscheibe auflegen.

SCHON GEWUSST?

Mandeln verleihen dem Belag nicht nur eine knusprige Note, sie sind außerdem nahrhaft und reich an ungesättigten Fettsäuren, Vitamin E und Magnesium. Die bekanntesten italienischen Mandeln stammen aus Sizilien und Apulien, aber Mandelbäume wachsen im gesamten Mittelmeerraum.

SUPER-
FRISCH

Nr. 63

Seezunge ist ein sehr zarter, milder Fisch. Damit er geschmacklich nicht zu sehr in den Hintergrund gerät, darf der ergänzende Belag nicht zu dominant sein. Alternativ kann man einen anderen, kräftigeren Weißfisch nehmen.

UNERWARTET

Mit Orange, Seezunge, Spargel und Mandeln

x 1

BROT

Vollkornbaguette

BELAG

Seezungenfilet **1**
Orange **1/4**
sehr dünner grüner Spargel **5–6**
vegane Mayonnaise .... **1 EL**
geröstete Mandelblättchen .... **1 TL**
natives Olivenöl extra,
Weißwein,
Salz und frisch gemahlener Pfeffer

1. Ein wenig Öl in einer Antihaft-Pfanne erhitzen, das Seezungenfilet darin braten, dann salzen. Herausnehmen und beseitestellen. Die Orange filetieren; die Orangenfilets sollten dünn und ohne weiße Schalenteile und Haut sein.

2. Erneut etwas Öl in der Pfanne erhitzen, den Spargel darin anbraten, mit Weißwein ablöschen und kurz ziehen lassen. Der Spargel sollte noch Biss haben. Anschließend mit Salz und Pfeffer würzen und mit Öl beträufeln.

3. Ein Stück Baguette abschneiden, wie ein Brötchen aufschneiden und toasten. Die untere Brötchenhälfte dünn mit der Mayonnaise bestreichen. Den Spargel darauf verteilen und mit dem Seezungenfilet belegen. Den Fisch dabei leicht mit der Gabel zerrupfen, sodass er auf der ganzen Brötchenhälfte verteilt ist. Die Orangenfilets darüberlegen und alles mit den Mandelblättchen bestreuen. Die obere Baguettehälfte auflegen.

Nr. 64

Dieses Panino hat einen sehr frischen, raffinierten Belag. Weil viele der Zutaten weich oder sogar cremig sind, muss das Brötchen wirklich knusprig sein. Wichtig ist auch der Ziegencamembert. Sein intensiver Geschmack gibt dem Panini eine herzhafte Note.

HIGH SOCIETY

Mit Avocado, Ziegencamembert, Mango und Basilikum

x 1

BROT

Vollkornbaguettebrötchen

BELAG

reife Avocado **1/4**
reife Mango **1/4**
Ziegencamembert .... **50–60 g**
geröstete Haselnusskerne **5–6**
natives Olivenöl extra,
Basilikumblätter,
Salz und frisch gemahlener Pfeffer

1. Das Avocadofruchtfleisch in einer kleinen Schüssel mit einer Gabel zerdrücken. Mit Salz, Öl und frisch gemahlenem Pfeffer würzen und alles zu einer cremigen Masse verrühren. Den Camembert in etwa 2 mm dicke Scheiben schneiden. Das Mangofruchtfleisch in Streifen schneiden und leicht salzen. Die Nüsse grob hacken.

2. Das Baguettebrötchen aufschneiden und toasten. Die untere Brötchenhälfte mit dem Camembert belegen, dann mit der Avocadocreme bestreichen. Die Mangostreifen darauf verteilen, mit den klein gezupften Basilikumblättchen und gehackten Nüssen bestreuen. Die obere Brötchenhälfte auflegen.

SCHON GEWUSST?

Camembert ist einer der bekanntesten französischen Käsesorten. Ursprünglich wurde er aus Kuhrohmilch hergestellt, für dieses Rezept habe ich allerdings einen Ziegencamembert gewählt. Die charakteristische Schimmelrinde bildet den idealen Gegenpol zu seinem cremigen, milden Inneren. Darum sollte sie nie abgeschnitten werden.

Nr. 65

Ziegenkäse gehört zu den wenigen Käsesorten, die gut zu Salami passen. Für diesen Belag eignet sich eine junge, fettere Salami mit größerem Durchmesser, wie beispielsweise Mailänder oder Ungarische Salami.

SÜSSSALZIG

Mit Birne, Salami, Ziegenkäse und Mandeln

x 1

BROT

Mehrkornbaguettebrötchen

BELAG

Mailänder Salami .... **70 g**
Ziegenfrischkäse...................... **20 g**
Birne.. **1**
geröstete Mandelkerne,
Salz und frisch gemahlener Pfeffer

1. Die Birne sorgfältig waschen und mit der Schale in dünne Scheiben schneiden. Mit ein wenig Salz und Pfeffer würzen. Die Mandeln grob hacken.

2. Das Baguettebrötchen aufschneiden und kräftig toasten. Die untere Hälfte mit dem Ziegenfrischkäse bestreichen. Die Salamischeiben locker auflegen, darauf die Birnenscheiben verteilen und mit den Mandeln bestreuen. Die obere Baguettebrötchenhälfte auflegen.

SCHON GEWUSST?

Es gibt Dutzende Salamisorten. In Norcia (Umbrien) hat die Salami eine so lange Tradition, dass es überall, wo Schwein verarbeitet wird, eine eigene Salami gibt, mit jeweils unterschiedlichem Reifegrad, Durchmesser und Feinheitsgrad, in verschiedenen Häuten und mit anderen Gewürzen.

Nr. 66

Selbst gemachte Leberpastete schmeckt unvergleichlich gut und enthält nur wenig Fett. Der Apfel ist mit seiner Frische und Säure der ausgleichende Gegenspieler. Wählen Sie eine saure Sorte wie Granny Smith. Mit Schale ist er noch knackiger.

MELTIN' POT

Mit grünem Apfel, Leberpastete und Pecorino

x 1

BROT
Laugen- oder Buttercroissant

BELAG
frische Geflügel- und/oder Kalbsleber .... **80 g**
Calvados oder ein anderer Obstbrand .... **20 ml**
grüner Apfel **1/2**
Pecorino .... **20 g**
Lorbeerblatt **1**
Rosmarin .... **1 Zweig**
Salbeiblätter,
Aceto balsamico,
natives Olivenöl extra,
Salz und frisch gemahlener Pfeffer

1. Die Leber in kleine Stücke schneiden. Etwas Öl in einer Pfanne erhitzen, die Leber mit den Kräutern hineingeben, bei hoher Temperatur zügig anbraten, dann mit dem Calvados ablöschen. Nach dem Garen vom Herd nehmen, salzen und pfeffern. Abkühlen lassen, die Kräuter entfernen und die Leber unter Zugabe von Öl zu einer cremigen Pastete verarbeiten.

2. Den Apfel vom Kerngehäuse befreien in etwa 2 mm dicke Scheiben schneiden. Den Pecorino hobeln.

3. Das Croissant aufschneiden und leicht toasten. Die Apfelscheiben auf der unteren Croissanthälfte verteilen. Mit der Leberpastete bestreichen und mit den Pecorinospänen bestreuen. Nach Belieben mit ein wenig Essig beträufeln. Die obere Croissanthälfte auflegen.

Nr. 67

Putenfleisch allein ist oft ein wenig trocken und ohne viel Eigengeschmack. Pancetta ist darum der ideale Begleiter. Er besitzt genau die Eigenschaften, die der Pute fehlen: Würze und Fettgehalt.

PRINZESSIN

Mit Granatapfel, Putenbrust, Pancetta und Erbsen

x 1

PANE

Leinsamenbrot

BELAG

Putenbrust .... **80 g**
Pancetta .... **20 g**
Erbsen .... **2 EL**
vegane Mayonnaise .... **20 g**
Rosmarin .... **1 Zweig**
Granatapfelkerne,
Rohrzucker,
natives Olivenöl extra,
Salz

1. Das Putenfleisch rundum einölen, dann die abgezupften Rosmarinblätter darüberstreuen und andrücken. Das Fleisch etwa 1 Stunde im Kühlschrank ziehen lassen. In einer Antihaft-Pfanne rundum goldgelb anbraten, danach salzen. Etwas ruhen lassen, herausheben und in Scheiben schneiden.

2. Die Erbsen unter Zugabe einer Prise Salz und einer Prise Rohrzucker einige Minuten in der Pfanne garen, gegebenenfalls ein wenig Wasser zugießen und verkochen lassen. Die Erbsen sollten noch Biss haben.

3. Zwei Brotscheiben abschneiden und toasten. Beide Scheiben mit der Mayonnaise bestreichen. Eine Brotscheibe mit Putenbrust und Pancetta belegen und mit Erbsen und Granatapfelkernen bestreuen. Die zweite Brotscheibe auflegen.

Nr. 68

Brie, ein milder französischer Weichkäse, übernimmt die Hauptrolle bei diesem Panino. Begleitet wird er hier von reifen Aprikosen. Hervorragend passen auch frische Mispeln, allerdings sollte man dann eine milde Tomatensorte dazu kombinieren.

LEBHAFT

Mit Aprikosen, Brie, Cocktailtomaten, Eisbergsalat und Thymian

x 1

BROT

Ciabattabrötchen

BELAG

Eisbergsalat .... **50 g**
Aprikosen **3–4**
Brie oder ein anderer
Weißschimmelkäse .... **30 g**
Cocktailtomaten **8–10**
frische Thymianblättchen,
natives Olivenöl extra,
Rohrzucker,
Salz

1. Den Eisbergsalat in schmale Streifen schneiden und mit etwas Öl und Salz anmachen. Die Aprikosen waschen und entsteinen, in Scheiben schneiden und minimal salzen.

2. Den Backofen auf 120 °C vorheizen. Die Tomaten halbieren und mit der Schnittfläche nach oben auf ein Backblech legen. Mit Salz und Zucker bestreuen. Die Thymianblätter darüberstreuen und alles mit ein wenig Öl beträufeln. 2 Stunden im Ofen backen. Den Brie mit Rinde in 2 mm dicke Scheiben schneiden.

3. Das Brötchen aufschneiden und toasten. Die untere Brötchenhälfte wie folgt belegen: zuerst Brie, dann Aprikosen, gebackene Tomaten und zum Schluss die Salatstreifen. Die obere Brötchenhälfte auflegen.

Nr. 69

AMARETTI

Mit Nektarine, Ricotta und Amaretti

x 1

BROT

Focaccia-Roggenbrötchen

BELAG

Schafsmilch-Ricotta .... **60–70 g**
Amaretti **3**
Nektarine **1**
Aceto balsamico .... **1 TL**
Salzflocken

1. Den Backofen auf 180 °C vorheizen. Eine Auflaufform mit Backpapier auslegen, den Ricotta hineingeben und ungefähr 50 Minuten im Ofen backen. Die Amaretti grob zerkrümeln. Die Nektarine entsteinen und mit der Schale in feine Scheiben schneiden.

2. Das Brötchen aufschneiden und leicht toasten. Die untere Brötchenhälfte mit dem gebackenen Ricotta bestreichen und mit den Nektarinenscheiben belegen. Mit einigen Salzflocken und den zerkrümelten Amaretti bestreuen. Mit Aceto balsamico beträufeln und die obere Brötchenhälfte auflegen.

Nr. 70

GÖTTLICH

Mit Aprikose, Parmaschinken und Gorgonzola

x 1

BROT

Vollkornfladenbrot

BELAG

Parmaschinken .... **70 g**
milder Gorgonzola .... **20 g**
Aprikose **1**
blanchierte, geröstete Mandelkerne

1. Die Aprikose waschen, entsteinen und in Scheiben schneiden. Die Mandeln grob hacken.

2. Das Fladenbrot aufschneiden und toasten. Die untere Hälfte mit Gorgonzola bestreichen, mit dem Schinken und dann mit den Aprikosenscheiben belegen. Mit den gehackten Mandeln bestreuen. Die obere Fladenhälfte auflegen.

MEHR ALS BROT: AUCH FOCACCIA VERTRÄGT KREATIVE FÜLLUNGEN. NUR MUT!

REZEPTVERZEICHNIS

AUFSCHNITT

KÄSE

OBST

1. Auflage

Projektleitung: Eva M. Salzgeber
Übersetzung: Franziska Kristen, Christine Ammann, Britta Köhler
Lektorat + Satz: Lesezeichen Verlagsdienste, Köln
Producing: trans texas publishing services GmbH, Köln
Bildredaktion: Sabine Kestler

Die italienischsprachige Originalausgabe erschien mit dem Titel
„La grammatica del panino" bei:

Via Mazzini n. 6 - 43121 Parma
(www.dalcoedizioni.it)

Responsabile editoriale: Giulia Malerba
Coordinamento di redazione: Lucia Carletti
Progetto grafico e impaginazione: Cristiana Mistrali
Fotografie: Piermichele Borraccia
Realizzazione ricette, food e props styling: Silvia Censi
Illustrazioni: Daniele Simonelli

ISBN 978-3-517-09873-9
www.suedwest-verlag.de

Gedruckt im September 2019 bei L.E.G.O. Spa - Vicenza